पति-पत्नी के रिश्तों में खुशियाँ कैसे लाएँ

पति-पत्नी के संबंध प्रगाढ़ बनाने हेतु उपयोगी पुस्तक

शीला सलूजा
चुन्नीलाल सलूजा

वी एण्ड एस पब्लिशर्स

प्रकाशक

वी एण्ड एस पब्लिशर्स

F-2/16, अंसारी रोड, दरियागंज, नई दिल्ली-110002
☎ 23240026, 23240027 • फैक्स: 011-23240028
E-mail: info@vspublishers.com • *Website:* www.vspublishers.com

क्षेत्रीय कार्यालय : हैदराबाद
5-1-707/1, ब्रिज भवन (सेन्ट्रल बैंक ऑफ इण्डिया लेन के पास)
बैंक स्ट्रीट, कोटी, हैदराबाद-500 095
☎ 040-24737290
E-mail: vspublishershyd@gmail.com

शाखा : मुम्बई
जयवंत इंडस्ट्रिअल इस्टेट, 2nd फ्लोर - 222,
तारदेव रोड अपोजिट सोबो सेन्ट्रल मॉल, मुम्बई - 400 034
☎ 022-23510736
E-mail: vspublishersmum@gmail.com

फ़ॉलो करें:

हमारी सभी पुस्तकें **www.vspublishers.com** पर उपलब्ध हैं

मुद्रक: रेप्रो नॉलेजकास्ट लिमीटेड, ठाणे

स्व-कथन

विद्वानों ने सांसारिक सुखों का वर्गीकरण करते हुए कहा है कि पहला सुख निरोगी काया, दूसरा सुख सुघड़ पत्नी, तीसरा सुख सुयोग्य संतान और चौथा....! सुख आर्थिक सुदृढ़ता की बातें कही गई हैं। हमारी अपनी मान्यता है कि सुखी एवं सफल दाम्पत्य जीवन ही इन सब सुखों का मूल है। यदि व्यापक स्तर पर समीक्षा की जाए, तो स्नेहिल और सौहार्दपूर्ण पारिवारिक वातावरण न केवल व्यक्ति को शारीरिक रूप से स्वस्थ बनाता है, बल्कि उसे मानसिक रूप से भी विचारवान, चिंतनशील और व्यावहारिक सोच वाला बना देता है। कुशल गृहिणी के रूप में सुघड़ पत्नी अर्धांगिनी बन दाम्पत्य जीवन में मधुरता लाने के नित्य नए स्रोत स्थापित करती है। परिवार को समग्र रूप से सजाने-संवारने में पत्नी का यह सहयोग ही दाम्पत्य जीवन का मूल आधार है।

समझदार पति-पत्नी परिवार को कितना सुखी और समृद्ध बना सकते हैं, यह तो सर्वविदित है। आपको अपने सामाजिक और पारिवारिक जीवन में ऐसे अनेक चित्र देखने को मिल सकते हैं। हमने दाम्पत्य जीवन के इन्हीं चित्रों से प्रभावित और प्रेरित होकर यह पुस्तक लिखी है। यह पुस्तक पति-पत्नी की सुखद जीवन शैली है। अत: आप भी दाम्पत्य जीवन की इस शैली को अपनाएं।

आपका दाम्पत्य जीवन स्नेहिल, सुगंधित और पुष्पित हो, इसके लिए आवश्यक है कि आप अपनों से आत्मीय रूप से जुड़ें। दूसरों को अपनाएं। दाम्पत्य जीवन में उस लड़की का मान-सम्मान करें, जो सब कुछ छोड़कर आपके घर-संसार में आई है। बहू के रूप में आप के घर आई लड़की लक्ष्मी है। आप उसका जितना आदर करेंगे, वह आपके प्रति, आपके परिवार के प्रति उतनी ही अधिक समर्पित होगी। समर्पण का यह भाव ही दाम्पत्य जीवन का आदर्श है। मेरी मान्यता है कि जिन लड़कियों को नए परिवार में इस प्रकार का स्नेहिल व्यवहार मिलता है, वे अपने दाम्पत्य जीवन से भी अधिक सन्तुष्ट होती हैं। जो अभिभावक अपनी बेटियों को ससुराल पक्ष से जुड़ने के लिए प्रेरित तथा प्रोत्साहित करते हैं, वे लड़कियां और उनका दाम्पत्य जीवन अधिक सुखी रहता है।

वर्तमान समाज व्यवस्था में दाम्पत्य जीवन शैली में बदलाव आया है। आज परम्परागत मान्यताओं के स्थान पर अधुनातन एवं प्रगतिशील सोच ने अनेक जटिलताओं और जड़ताओं को तोड़कर अधिक खुलापन तथा पारस्परिक समझ को व्यापक अर्थों में समाहित किया है।

इसलिए इसमें व्यावहारिक पक्षों को अधिक महत्व दिया गया है, ताकि सभी वर्गों के दम्पतियों के लिए यह उपयोगी और सार्थक बन सकें।

आपके सुखी और समृद्धशाली जीवन के लिए हमारी हार्दिक शुभकामनाएं।

संजीव सदन   – **शीला सलूजा**

फिज़िकल कॉलेज रोड, शिवपुरी (म.प्र.)   – **चुन्नीलाल सलूजा**

अंदर के पृष्ठों में_____

अध्याय 1

प्रशंसा-भरी नजरें

प्रशंसा-भरी एक नजर ही पति-पत्नी को जोड़ने के लिए काफी है। परस्पर संतुष्ट नजरें जहां भीड़ में एक-दूसरे से जुड़ी रहती हैं, वहीं उन्हें गर्व भी होता है कि अमुक मेरी पत्नी है, पति है। घर से बाहर जाते समय या काम से लौटते समय इसी नजर से एक-दूसरे को देखें। मिलन जैसी अनुभूति का अहसास दिन भर बना रहेगा।

प्रशंसा-भरी नजरें दाम्पत्य जीवन का 'टॉनिक' है। कुछ मनोवैज्ञानिकों का मत है कि जहां पति-पत्नी एक-दूसरे को मानसिक रूप से संतुष्ट करते हैं, वहीं एक-दूसरे को अपनी संतुष्टि का अहसास भी कराते हैं। प्रशंसा का दाम्पत्य जीवन में वही स्थान है, जो मशीनों में स्नेहक (लुब्रीकेन्टस) का।

प्रशंसा से तात्पर्य यहां किसी प्रकार की झूठी तारीफ, चमचागीरी अथवा खुशामद करने से बिलकुल नहीं है। न ही एक-दूसरे की 'लल्लो-चप्पो' करने की आवश्यकता है। प्रशंसा तो पति-पत्नी के परस्पर का मनोवैज्ञानिक व्यवहार है, जो मुंह की अपेक्षा आंखों से ही अधिक प्रकट होता है। विशेषकर पत्नी पति द्वारा की गई प्रशंसा की अधिक इच्छुक होती है। पति-पत्नी में आपस की प्रशंसा का मुख्य उद्देश्य एक-दूसरे का दिल जीतना होता है। अतः आप इस रहस्य को जान लें कि आपकी थोड़ी-सी कोशिश आपको दिलों में स्थान दिला सकती है।

मनोवैज्ञानिक प्रभाव

सच तो यह है कि प्रशंसा-भरी नजरों का पति-पत्नी पर मनोवैज्ञानिक प्रभाव पड़ता है। जब दोनों एक-दूसरे की आदतों, पसंद-नापसंद कमियों अथवा गुणों को जान समझ लेते हैं, तो एक-दूसरे के दिल में स्थान पाने के लिए इन बातों का भी ख्याल रखने लगते हैं। इस प्रकार के व्यवहार दोनों को एक-दूसरे का सहयोगी बनाते हैं, जिससे उनका दाम्पत्य जीवन भी खुशहाल और समृद्ध होने लगता है।

प्रशंसा-भरी नजरें पति-पत्नी को एक-दूसरे का सहयोगी बनाती हैं, प्रतिद्वंद्वी नहीं। जब पति-पत्नी एक दूसरे की कमियों का प्रदर्शन न करते हुए उसमें भी अपनी चाहत और विश्वास व्यक्त करने लगते हैं, तो उनमें टकराव अथवा तनाव निर्मित होने का सवाल ही पैदा नहीं होता।

बात चाहे पार्टी में जाने की हो अथवा किसी मित्र या बॉस को घर बुलाने की, बेटी को स्कूल में प्रवेश दिलाने की हो या फिर सास-ससुर की आर्थिक सहायता करने की, निरर्थक बहस कर अविश्वास पैदा न होने दें।

आपका उद्देश्य चाहे जो भी हो, लेकिन पति-पत्नी की आंखों में चमक पैदा करने के लिए एक-दूसरे से जुड़ें। उनके अच्छे कार्यों, व्यवहारों, सोच, सफलता पर एक-दूसरे की प्रशंसा करें। इस विषय में ध्यान रखें कि आपकी प्रशंसा झूठी अथवा इतनी बढ़ा-चढ़ाकर नहीं होनी चाहिए कि वह अपना उद्देश्य ही खो दे। जब आप दूसरों के अच्छे कार्यों की प्रशंसा करते हैं, तो वह अपने एक अच्छे कार्यों के लिए उत्साहित होता है, गर्व अनुभव करता है और यह गर्व तथा उत्साह ही उसे और

सफलता के लिए मानसिक रूप से मजबूत बनाता है।

एक-दूसरे द्वारा की गई प्रशंसा का दाम्पत्य जीवन पर स्थायी और मधुर प्रभाव पड़ता है। पत्नी के नए पहनावे, बनाव-शृंगार, भोजन आदि की प्रशंसा आपको उसकी निकटता प्रदान करती है। इसलिए इसका उपयोग अवश्य करें।

''आज तो बिलकुल हेमामालिनी लग रही हो...'' जैसी बात सुनकर पत्नी के चेहरे पर जो लालिमा आए, उसे मन-ही-मन पीने की इच्छा अवश्य करें। इस प्रकार की इच्छा जागृत कर समझिए कि आपकी प्रशंसा को 'बल' मिल गया। इसी प्रकार से अपनी बातचीत में प्रशंसा का कोई ऐसा शब्द न कहें, जो उनके दिल पर बोझ बन जाए ''तुम्हें अपने बालों का 'स्टाइल' सपना जैसा बनाना चाहिए...उसके बाल कितने सुंदर लगते हैं, ... ।'' आप शायद यह नहीं जानते कि इस प्रकार की प्रशंसा कर आप क्या कर रहे हैं? इसी प्रकार से जब आप 'शालिनी के हाथ के बने बेसन के लड्डुओं की तारीफ' करते हैं, तो भी पत्नी के मुंह का स्वाद कसैला करते हैं। इस प्रकार की प्रशंसा करते समय आप यह भूल जाते हैं कि पति अथवा पत्नी को यह बात बिलकुल सहन नहीं होती। इस प्रकार की प्रशंसा एक-दूसरे के लिए हीनता तथा उपेक्षा की भावना भरती है, जो ईर्ष्या में बदलकर आपसी विश्वास को कम कर देते हैं।

जैसे प्रभा ने जब अपने आगरे वाले जीजा जी की तारीफ करते हुए निरंतर ताने कसे कि ''आगरे वाले जीजा जी की तो बात ही निराली है। कितना विशाल हृदय है उनका! हमेशा हंसते-खेलते रहते हैं। चेहरे पर मैंने कभी शिकन तो देखी ही नहीं...एक आप हैं कि जब देखो माथे पर बल पड़े ही रहते हैं। सूरत पर बारह बजे रहते हैं... ।''

आखिर नितिन को कहना ही पड़ा, ''तो तुम भी चली जाओ अपने आगरे वाले... ।''

वह तो अच्छा हुआ कि प्रभा को शीघ्र ही अपनी गलती का अहसास हो गया। तुरंत बात बदल कर उसने पति-पत्नी में तनाव होने से बचा लिया। इस प्रकार की प्रशंसा सुनना पति-पत्नी के लिए कठिन को जाता है। वास्तव में पति-पत्नी को एक-दूसरे के सुरुचिपूर्ण कार्यों, व्यवहारों की प्रशंसा करनी चाहिए।

पति-पत्नी के साथ बातचीत करते समय शिष्टता और शालीनता का ध्यान रखें। इनका उल्लंघन कभी न करें। 'गाली देकर बात करना', 'अपशब्द बोलना', 'अनर्गल बातें करना', हीनता सूचक बातें करना शिष्टता की सीमाओं में नहीं आता। नशा करके फिर पुरानी बातों से एक-एक कर एक-दूसरे की 'खबर' लेना आदि दाम्पत्य संबंधों को बिगाड़ता है। अतः इन बातें का ध्यान रखें और भूल कर भी ऐसे व्यवहार घर में न होने दें।

आप पत्नी को प्यार से चाहे जो बुलाते हों, लेकिन परिवार के अन्य सदस्यों, मेहमानों, पार्टी अथवा सामाजिक उत्सवों में परिचितों के सामने पत्नी को सम्मान सूचक संबोधन ही दें। तू, तेरा, तुम जैसे शब्दों का प्रयोग न करें। पत्नी पर 'हुक्म चलाने' में आपकी वाह-वाही नहीं। इससे दाम्पत्य संबंधों में टकराहट आएगी और दरार पड़ सकती है।

कुछ प्रगतिशील सोच वाली महिलाएं भी आत्म प्रदर्शन कर दूसरों से या पति से प्रशंसा बटोरना चाहती हैं और ऐसी महिलाएं अपनी आर्थिक संपन्नता का प्रदर्शन और अपना प्रभाव जमाती हैं। ऐसी महिलाएं कुछ देर के लिए भले ही संतुष्ट हो जाएं, लेकिन वास्तव में उनकी प्रशंसा की भूख कभी नहीं मिटती और वे कभी संतुष्ट नहीं हो सकतीं। उनके इस आचरण का सुनने वाले पर प्रायः बुरा प्रभाव ही पड़ता है। इसलिए प्रशंसा एक-दूसरे को रिझाने के लिए की जानी चाहिए, कुढ़ाने के लिए नहीं।

दाम्पत्य जीवन में प्रशंसा के इस मनोवैज्ञानिक पक्ष को मन से स्वीकारें

- एक-दूसरे के लाकर दिए पहनावे को पहनें और फिर उसे ऊपर से लेकर नीचे तक देखें...देखते ही रहें।
- हमेशा सज-संवर कर रहें।
- एक-दूसरे की पसंद जानें और उसे मान्यता दें।
- अपनी शादी का अलबम वर्ष में अनेक बार, साथ-साथ देखें।
- पति से चूड़ियां खनका कर बात करें।

लेकिन ध्यान रखें

- ''घर में ही तो हूं...।'' कहकर अथवा सोचकर अपने बनाव-श्रृंगार के प्रति उदासीन न हों।
- सबके सामने 'उनकी' असलियत न खोलें।
- पति की किसी आदत के लिए मन में हीनता न लाएं।
- यह बात मन से निकाल दें कि शिकायत करके आप पति अथवा पत्नी में कोई सकारात्मक प्रभाव डाल सकेंगे।
- शिकायतें दाम्पत्य संबंधों की सरसता को सोखती हैं।

> *परस्पर की खूबियों (विशेषताओं-गुणों) को सराहें-सींचें।*
> *उन पर फूल आने का इंतजार करें।*

अध्याय 2

रूठें ही नहीं, मनाएं भी

रूठना यदि आपका अधिकार है, तो मनाने की कला भी आपको आनी चाहिए। दाम्पत्य संबंधों का यह ऐसा व्यवहार है, जो सरसता बढ़ाने वाला है लेकिन इसे समय से अधिक न बढ़ने दें। अहम भरी सोच का यह व्यवहार जब एक जगह ठहर जाता है, तो इसमें सड़न पैदा होने लगती है। गुस्से के नीचे लहलहाते प्यार को ऊपर लाने की व्यावहारिक सोच अपनाएं, रूठे पति-पत्नी एक-दूसरे को मनाएं।

'तुम रूठी रहो मैं मनाता रहूं, इन आदतों पर और प्यार आता है'…जैसा गीत भले ही आप कभी-कभी ही गुनगुनाते हों, लेकिन इतना अवश्य है कि दाम्पत्य जीवन में इस प्रकार के गीतों का अपना महत्त्व है और यह दाम्पत्य जीवन की एक खुली सच्चाई है। अतः ऐसे बहुत ही कम दम्पती होंगे, जिन्हें रूठने-मनाने का अवसर न आता हो। आप भी अपने दाम्पत्य जीवन में सरसता लाने के लिए इस प्रकार की सोच से विमुख न हों। हां, यदि आपको रूठना अच्छा लगता है, तो मनाने में भी वही तत्परता बरतें। क्योंकि जिस तरह से बहुत दिनों तक एक ही स्थान पर ठहरा पानी सड़ांध देने लगता है, कुछ ऐसी ही स्थिति तब पैदा होने लगती है जब पति अथवा पत्नी बहुत दिनों तक रूठे रहते हैं।

इस विषय में इस सत्य को स्वीकारें कि जहां प्यार होता है, वहां तकरार भी होती है। जहां तकरार होती है वहां एक-दूसरे से रूठने-मनाने का सिलसिला भी चलना जरूरी है। वहीं मनुहार (मनाना) होता है। वास्तव में यही सब तो प्यार है। दाम्पत्य जीवन में यह प्यार भरी चुहलबाजी भी साथी है।

सुलभा को जब रूठे हुए एक घंटा हो गया और उसे लगा जैसे राकेश पर उसके रूठने का कोई प्रभाव ही नहीं पड़ रहा है, तो आखिर उससे भी रहा न गया। सुलभा चोट खाई हुई नागिन की तरह राकेश की आंखों के सामने फैले अखबार को फेंकती हुई तीसरा नेत्र दिखाते हुए चौथे स्वर में बोली, ''एक घंटे से मैं रूठी हुई बैठी हूं और साहब हैं कि इनके कानों पर जूं भी नहीं रेंगी। आखिर हमें कौन मनाएगा, क्या हमारा दिल नहीं चाहता कि कोई हमें मनाए…मैं भी तो आपको मनाती हूं…।'' और फिर सुलभा ने अपनी बाहें राकेश के गले में डाल दीं।

पति-पत्नी में रूठने-मनाने का यह व्यवहार हमारे पारिवारिक जीवन की पहचान है। इस विषय में एक सत्य यह भी है कि जहां दो बर्तन होते हैं, उनके खनकने की आवाज तो आती ही है। अतः इस आवाज को भी मधुरता देने का दायित्व पति-पत्नी का ही है। इस विषय में केवल इतना ध्यान रखें कि रूठने-मनाने के इस व्यवहार में कहीं भी कर्कशता अथवा झल्लाने जैसी बात न करें। डांट-फटकारकर अथवा अपमानित कर भी एक-दूसरे को न मनाएं।

''किस गंवार से पाला पड़ा है? हमारी तो जिंदगी ही खराब कर दी इन जाहिलों ने…कहां की बीमारी मेरे गले बांध दी है…मुसीबत है, चैन से सांस भी नहीं लेने देती…'' जैसी प्रतिक्रिया अथवा विवशता चेहरे पर न लाएं और न ही अपनी सोच को इस प्रकार का बनाएं।

12

मनाने में देर न करें

जब आप यह चाहती हैं कि कोई आपको मनाए तो फिर वो भी यही चाहते हैं कि कोई उनके इस प्रकार के रूठने को महत्त्व दे। समझे। आखिर दोनों में से किसी को तो उनकी इच्छाओं का सम्मान कर एक-दूसरे को मनाना ही पड़ेगा।

एक मनोवैज्ञानिक का मत है कि पति-पत्नी की लड़ाई चौबीस घंटे में समाप्त हो जानी चाहिए। यदि पति-पत्नी की तकरार अथवा विवाद चौबीस घंटे से अधिक चलता है तो फिर उनमें विकार आने ही लगते हैं। ये विकार आपसी संधि-समझौते योग्य नहीं रह पाते।

इस बात को महत्त्व न दें कि आपकी गलती नहीं तो आप क्यों मनाएं। गलती चाहे जिसकी भी हो 'सॉरी' कहने में कोई हीनता आपके मन में नहीं आनी चाहिए। कभी-कभी तो गलती न होने पर भी 'सॉरी' कहकर आप उनके दिल में 'स्थान' पा सकती हैं।

तनाव न बढ़ांएं

घर में जब तक कोई रूठा रहता है तब तक घर का वातावरण एक अजीब से तनाव से घिरा रहता है, इसलिए रूठे व्यक्ति को अवश्य ही मनाएं और परिवार का वातावरण तनावमुक्त बनाएं। तनाव रहित पारिवारिक वातावरण में ही खुशियां ठहर सकती हैं। रूठने वाले की इच्छा जानें और उसका सम्मान करें। इस सत्य को भी जान लें कि कोई केवल इसलिए रूठता है, क्योंकि आप उसकी इच्छाओं का सम्मान नहीं करते। आप रूठने वाले व्यक्ति के प्रति किसी प्रकार की दुराग्रही सोच, भावना मन में न लाएं। रूठने के कारण तनाव का यह समय जितना लंबा होगा, आपके मन में विचार उतने ही खराब आएंगे। आपकी मानसिक सोच भी विकृत होगी। अनबोले की स्थिति निर्मित होगी। यहां तक कि इस बीच आप अपना क्रोध अथवा खीझ भी बच्चों पर निकालेंगे। अधिकारी अपनी इस खीझ को अधीनस्थ कर्मचारियों पर निकालेगा और इस प्रकार से आपका पूरे दिन ही मूड खराब रहेगा। अतः घर से तनावमुक्त होकर ही निकलें। पत्नी पति को मनाकर निकलें। इस विषय में बिना कुछ सोचे स्वयं पहल करें। आपकी पहल ही उन्हें आसानी से मना देगी।

कुछ देंकर मनाएं

पति-पत्नी में लेना-देना तो पड़ता ही है। यदि रूठने-मनाने से व्यवहार में भी

आपको कुछ देना-लेना पड़े तो इस लेन-देन में भी संकोच न करें। अवसर के अनुकूल वह सब लें-दें जिसकी इच्छा आपके मन में है। उनकी पसंद की कोई साड़ी लाकर दें। किसी जेवर की इच्छा हो तो उसे पूरा करें। उसके पसंद की 'लिपस्टिक' अथवा अन्य ऐसी वस्तु जिसका उल्लेख वह आपके सामने कई बार कर चुकी है, लाकर दें। पत्नी को मनाने का सबसे सरल उपाय यही है कि आप उसे उसकी अंतरंग किसी वस्तु का उपहार लाकर दें।

पति को मनाने के लिए उसकी मनपसंद 'डिश' बना कर रखें। स्वयं सज-संवर कर रहें। तितली बनकर उनके आगे-पीछे फिरें। अच्छा खाना और आकर्षक चितवन पाकर भला कोई पति अपनी पत्नी से दूर रह सकता है? भले ही फिर उसे आपको ही मनाना क्यों न पड़े। रूठने-मनाने के इस व्यवहार को कहीं भी अपनी प्रतिष्ठा का प्रश्न न बनाएं, क्योंकि पति-पत्नी की प्रतिष्ठा तो दोनों की आपसी समझ में होती है।

आकर्षक बनें

पत्नी से पति के रूठने का कारण यह भी होता है कि वह सज-संवर कर नहीं रहती। कभी व्यस्तता के बहाने, कभी काम के बहाने, कभी बच्चों के बहाने तो कभी 'अभी रसोई का काम पड़ा है...' के बहाने पति से दूर बनी रहती है। मध्यवर्गीय परिवारों और विशेषकर संयुक्त परिवारों में तो पत्नी को पति की जरा भी 'परवाह' नहीं होती। अपने सजने-संवरने में इस प्रकार की उदासीनता पति को बिलकुल सहन नहीं होती और फिर वह भी उसी माहौल में रहने लगता है।

अपने आकर्षण का जादू पति पर अवश्य चलाएं और अपने इस आकर्षण को कहीं भी कम न होने दें। घर में जितनी देर तक पति रहे, उसके आकर्षण का केंद्र बनी रहें। उसके मन पसंद रंग की साड़ी, सूट पहनें। केश सज्जा करें। सौंदर्य प्रसाधनों का उपयोग करें। जब भी समय मिले उसकी निकटता प्राप्त करें। दिन भर उसे अपने नयनों की डोर से बांधे रहें।

यहां तक कि रात में भी अपने बनाव-श्रृंगार के प्रति उदासीन न हों। पति के पसंद की 'नाइटी' पहन खुशबू फैलाकर उन्हें मीठी चितवन से देखें। आंखों में आंखें डालकर अपने दिल की बातें कहें। सुनें। उनके गिले-शिकवे दूर करें।

इस प्रकार का व्यवहार कर आप स्वयं अनुभव करेंगी कि रूठने से मनाना आसान है।

यदि बात इतनी सरल न हो, आपकी सीमाओं से बाहर हो रही हो तो कुछ मनोवैज्ञानिक उपाय भी कर के देखें।

क्रोध न करें और न ही किसी प्रकार की आत्महीनता मन में लाएं

पति का रूठना यदि अपनी सीमाएं पार कर गया है और वे किसी दुष्चक्र या विषम परिस्थितियों में फंस गए हैं, तो अपनी ओर से उन्हें समय दें। इस बीच क्रोध कर अथवा रोकर अपनी आत्महीनता का प्रदर्शन न करें। अपनी बात को सहज-सरल तरीके से कहें। आदर्शों की दुहाई देकर उन्हें जली-कटी सुनाकर नहीं मना सकती। केवल आपका शांत चित्त ही उन्हें रास्ते पर ला सकता है, इसलिए शांत चित्त से दूसरे के मस्तिष्क में अपनी बात डालें।

रूठने मनाने के इस व्यवहार को दाम्पत्य जीवन की धूप-छांव से अधिक कुछ न लें। इस व्यवहार के बारे में मन में हीनता भी न पैदा होने दें। इसे बहुत अधिक देर तक अपने 'बेडरूम' में न रहनें दें। इसके लिए आपको चाहिए कि

● पति के चरित्र पर विश्वास करें।

● उसे अपने नयनों की डोर से बांधें।

● जल्दी रूठें तो जल्दी मान भी जाएं।

● एक-दूसरे को कुछ अंतरंग उपहार अवश्य दें।

● 'कुट्टी' को 'दोस्ती' में बदलने के बहाने स्वयं ढूंढ़ें।

लेकिन ध्यान रखें

● बात-बात में रूठना ठीक नहीं।

● कर्कश बातें न कहें।

● क्रोध में आकर आत्महीनता का व्यवहार न करें। न ही अपने आपको अपमानित अनुभव करें।

● बिना खाए सोने के लिए न जाएं।

● किसी और की गलतियां पति-पत्नी पर न थोपें।

हर पत्नी एक औरत होती है, हर औरत पत्नी नहीं हो सकती।

अध्याय 3

व्यक्तित्व संवारें

आकर्षक व्यक्तित्व ही पति-पत्नी को एक-दूसरे से भावनात्मक रूप से जोड़ता है। यह आकर्षण एक-दूसरे की आंखों में विश्वास बनकर पलने-बढ़ने लगे, एक-दूसरे के चेहरे पर दिखाई देने लगे, मधुर मुस्कान बन घर-आंगन में महकने लगे कुछ ऐसा ही आप करें। आखिर क्या है यह आकर्षण···और क्या है व्यक्तित्व··· ?

व्यक्तित्व का आकर्षण पहले ही दिन से पति-पत्नी को एक-दूसरे के निकट लाता है। एक-दूसरे को पसंद करने का अर्थ ही यह है कि दोनों एक-दूसरे की किसी-न-किसी बात, व्यवहार, सुंदरता, शिक्षा आदि से इतने प्रभावित हो गए हैं कि दोनों के दिल में एक-दूसरे के प्रति भावनात्मक चाह पैदा हो गई है। सुंदर और आकर्षक व्यक्तित्व वाला पति या पत्नी चाहने की इच्छा हर युवा मन में होती है। एक-दूसरे की इसी चाह को पूरा करने के लिए युवा सजते-संवरते हैं। सुंदर दिखना-दिखाना चाहते हैं।

प्रभावी और आकर्षक व्यक्तित्व जहां आपको अपने काम-काज में दक्ष और सफल बनाता है, वहीं आपका आत्म-विश्वास बढ़ता है और आप प्रसन्न होकर अपनी बात कहती/करती हैं। आकर्षक व्यक्तित्व के लिए आवश्यक है कि आपको हर सामाजिक और राजनीतिक विषय की जानकारी हो। आप चाहे कामकाजी हों अथवा गृहिणी। थोड़ी-बहुत सामयिक जानकारी अवश्य रखें। मसलन, देश में किस पार्टी की सरकार है, प्रमुख नीतियां क्या हैं? आदि ऐसी बातें हैं, जो आपको टी.वी. समाचार, पत्र-पत्रिकाओं के माध्यम से मिलती रहती हैं। इन सब सामान्य बातों की जानकारी आप अवश्य रखें। केवल इतना ही नहीं, स्वास्थ्य विषयक सामान्य जानकारी भी रखें। समय-समय पर पत्र-पत्रिकाओं में दी गई नई-नई जानकारियां, व्यंजन बनाने की विधियों, अपने स्वास्थ्य और सौंदर्य प्रसाधन के प्रति जागरूकता आदि के लिए पत्र-पत्रिकाएं पढ़ें। इन सब बातों से जहां आपको आगे बढ़ने का अवसर मिलेगा, वहीं आपका आत्मविश्वास बढ़ेगा और आप अपने स्तर पर सही निर्णय ले सकेंगी और परिवार के प्रति नई सोच विकसित कर सकेंगी।

बनाव-शृंगार के प्रति सजग रहें

आप चाहे पुरुष हों अथवा महिला, युवा हों अथवा प्रौढ़, आवश्यक बनाव-शृंगार अवश्य करें। आपकी केश-राशि, चेहरा, आंखें, गरदन, कोहनियां, नाखून, पैर आदि साफ-सुथरे आकर्षक और सुंदर होने चाहिए। घर में सज-संवर कर रहें। अपने सौंदर्य और स्वास्थ्य के प्रति किसी भी स्तर पर उदासीनता न बरतें। पहनने योग्य वस्त्रों का चुनाव ऐसा करें कि वे आपके शारीरिक सौंदर्य और अकर्षण को बढ़ाएं। प्रशासनिक पदों पर काम कर रहे पुरुषों को चाहिए कि वे नित्य शेव बनाएं। बढ़ी हुई शेव से व्यक्तित्व में हीनता आती है और पूरे मनोयोग के साथ अपनी बात नहीं कह पाते। यदि आप दाढ़ी रखते हैं, तो वह इस प्रकार की हो जिससे चेहरा सजा-संवरा लगे और आपका व्यक्तित्व कहीं भी दबा दिखाई न दे।

अपने केश-विन्यास को भी आकर्षक ढंग से संवारें। महिलाएं 'स्लीव लैस' ब्लाऊज तभी पहनें, जब यह उनके व्यक्तित्व को निखारने में सहायक हो। भेड़ चाल चल कर कोई भी कपड़ा न पहनें, क्योंकि सबके व्यक्तित्व पर अलग-अलग आकर्षण होता है। इसी प्रकार से कामकाजी पुरुष हमेशा 'फुल आस्तीन' की कमीज पहनें।

आभूषणों का 'लदान' इतना न करें कि वे आपके व्यक्तित्व को दबा दें। आभूषणों का मोह त्यागकर केवल इतना सजें कि आकर्षक आभूषण आपकी सुंदरता को बढ़ाने में सहायक हों। आपकी सादगी भी सुंदरता का पर्याय होनी चाहिए। गले में पड़ा हुआ एक लंबा नैकलेस' आपकी सुराहीदार गरदन को आकर्षक बनाने के लिए काफी है।

अपना बैग या ब्रीफकेस, रूमाल, लेटर हैड, कार्ड, जूते, सैंडिल, मोजे, टाई आदि इतने साफ रखें कि उसके रख-रखाव में आपका व्यक्तित्व दिखाई दे। जब भी आप किसी नई जगह जाएं या आपके घर में कोई मेहमान अथवा सह-कुटुम्बी आए, तो पूरे विश्वास के साथ उसका परिचय प्राप्त करें। परिचय प्राप्त करने के इस व्यवहार में बड़ी शिष्टता के साथ पेश आएं। यदि आपके पास आपका कार्ड है, तो पहले उसे कार्ड दें। वास्तव में परिचय कार्ड आपकी विश्वसनीयता और परिचय को प्रमाणित करते हैं। जब कोई आपसे बात कर रहा हो, तो उनकी तरफ ध्यान अवश्य दें। महिलाओं से बातचीत करते समय जेब में से सिगरेट निकालकर पीना अथवा पाउच निकाल कर खाना अशिष्टता है, अतः इस प्रकार के व्यवहार से बचें। घर में भी पत्नी के सामने इस प्रकार की अशिष्टता न करें।

कामकाजी जीवन में महिलाओं को चाहिए कि वे अपने बनाव-श्रृंगार के प्रति कुछ विशेष सतर्कता बरतें। चटक रंगों वाले, भड़कीले, पारदर्शी वस्त्र आपकी प्रतिष्ठा को दांव पर लगाते हैं, अतः इस प्रकार के वस्त्र पहनकर संस्थान अथवा विवाह पार्टी आदि में न जाएं। आभूषणों से लदा शरीर, लिपा-पुता भारी-भरकम बनाव श्रृंगार, तेज गंध वाले रसायनों का प्रयोग आपको हंसी का केंद्र तो बनाते ही हैं, साथ ही आप लोगों की 'तानाकसी' का भी केंद्र बनाती है। ऐसी महिलाओं को कभी-कभी छेड़छाड़ की स्थिति का भी सामना करना पड़ सकता है।

शिष्टाचार और शालीनता

शिष्ट और शालीन पत्नी पाकर पति को मानसिक संतुष्टि होती है। इसलिए अपने सामाजिक, पारिवारिक और कामकाजी जीवन में शिष्टता और शालीनता को एक गुण के रूप में स्वीकारें। अपनी दैनिक बातचीत में 'जी', 'जी हां', 'जी नहीं', 'सर',

'यस सर', 'नो सर', 'मैडम', 'नौ थैंक्स', 'आप लीजिए', 'बैठिए', 'आप बताइए' जैसे शब्दों का प्रयोग करें। घर में आने वाले व्यक्तियों के साथ भी इसी प्रकार का शिष्ट व्यवहार करें। इससे जहां आपकी बातचीत संतुलित, शिष्ट व संक्षिप्त रहेगी, वहीं आप दूसरों की अधिक सुनेंगी। दूसरों को हमेशा बोलने का अवसर अधिक दें। यदि आप कामकाजी हैं, तो संस्थान में पुरुष सह-कर्मियों के साथ बैठकर चाय पीने-पिलाने का आग्रह न करें। यदि कभी ऐसा अवसर आ भी जाए, तो अथवा आप बॉस के साथ कभी चाय पीने के लिए बैठें, तो टेबिल पर चाय का कप रखने से पहले 'प्लास्टिक मैट' रख लें। चाय आने पर अपने हाथों से पहले दूसरों को चाय ऑफर करें। घर पर भी हमेशा इस प्रकार की शिष्टता का पालन करें।

आप चाहे घर पर हों अथवा संस्थान में, बात चाहे पति से कर रही हों अथवा सहकर्मी से, चीख चिल्लाकर तथा जोर-जोर से बातें न करें। इस प्रकार से चिल्लाना न केवल अशिष्ट लगता है, बल्कि फूहड़पन का भी प्रतीक है। क्रोध में आकर कभी बातचीत न करें। न ही बात-बात में रोने का प्रदर्शन करें।

अपनी हीनता का प्रदर्शन कहीं भी न करें और न ही अपनी हीनता प्रदर्शित कर दूसरों की सहानुभूति प्राप्त करने की सोचें।

दूसरों को महत्त्व दें

हमेशा दूसरों के विचारों, भावनाओं का सम्मान करें और उनका महत्त्व समझें। आपकी योग्यता, प्रतिभा, प्रभाव, दूसरों को महत्त्व देने में ही है। घर के छोटे-से-छोटे व्यक्ति यहां तक कि घरेलू नौकर का भी महत्त्व समझें और उसे इसके अनुसार मान-प्रतिष्ठा दें। आपका बड़प्पन दूसरों को बड़प्पन देने में ही है। दूसरों को महत्त्व देने से आशय यह है कि आप उसकी बात सुनें। उसे आवश्यकता अनुसार विश्वास और सहायता दें। उनमें विश्वास करें। यदि आप समझती हैं कि उनका कथन, सोच, व्यवहार, आचरण गलत है, अनुचित है, भ्रामक है, तो बिना किसी पूर्वाग्रह के उन्हें अपने विश्वास में लें। उन्हें भविष्य में होने वाले दुष्प्रभावों, दुष्परिणामों से सावधान करें। होने वाली हानि के प्रति सचेष्ट करें। इसके बाद भी यदि उनका आपसे मतैक्य नहीं होता, तो उसे अपनी राह पर चलने दें। ठोकर खाकर स्वयं ही संभलने के अवसर दें। वास्तव में जीवन के प्रति इस प्रकार की दूरदर्शी सोच जहां आपको पति और परिवार से जोड़ेगी, वहीं आपके पारिवारिक जीवन में भी आपके समर्थकों की संख्या बढ़ेगी और इस प्रकार से आप परिवार के सभी सदस्यों से मान-प्रतिष्ठा पा सकेंगी।

लक्ष्य के प्रति समर्पित हों

जहां भी सम्मति होगी, वहीं संपन्नता और समृद्धि होगी। इस विश्वास के साथ पति-पत्नी अपने जीवन और पारिवारिक लक्ष्यों की प्राप्ति के लिए प्रयास करें। पति-पत्नी एक-दूसरे की इस सोच को कहीं भी कम न समझें। अपने काम को पूरी लगन, निष्ठा और आत्मविश्वास के साथ करें। अपनी सफलता तथा कामकाजी जीवन में आने वाली सभी कठिनाइयों की जानकारी भी पति को दें। अधिकारी को विश्वास में लेकर लगन से काम करें। काम का महत्त्व होता है, इसलिए काम से जी चुराने की मानसिक सोच मन में न पालें। आपके काम का मूल्यांकन होता रहता है। घर में सास, ससुर, बच्चे सब आपके काम से ही प्रभावित होते हैं। काम की सफलताएं ही लक्ष्य प्राप्ति का साधन होती हैं। परिश्रम का फल हमेशा मिलता है और वह अच्छा ही होता है। आपकी इस प्रकार की सोच जहां दूसरों के लिए प्रेरणा बनेगी, वहीं परिवार के सदस्य भी नित्य नई सफलताएं प्राप्त कर सकेंगे। पारिवारिक जीवन में अपनी कथनी और करनी में कहीं भी अंतर न आने दें। काम ज्यादा करें, बातें कम करें। पति-पत्नी का परस्पर में विश्वास ही एक-दूसरे की सफलता बनता है।

सरल बनें

आपके व्यक्तित्व की विशेषता इसमें दिखाई देती है कि आप पारिवारिक और सामाजिक जीवन में कितनी सरल हैं। आप स्वयं को सुंदर, धनवान या गुणी समझकर अपने ऊपर घमंड न करें और न दूसरों से अलग-अलग रहें। व्यक्ति जितना बड़ा होता है, उतना ही विनम्रता उसमें होनी चाहिए। यदि आप गुणवान होकर भी सरल रहेंगी, तो निश्चिय ही आपके परिचित आपका सम्मान करेंगे। यदि पति-पत्नी दोनों ही समृद्ध और विनम्र हैं, तो घर अपने आप ही स्वर्ग बन जाता है।

परिचय क्षेत्र बढ़ाएं

आपकी विशेषताएं आपके परिचय क्षेत्र को बढ़ाती हैं, इसलिए अपने इस क्षेत्र को भी मान्यता दें। आपके पास समय का अभाव हो सकता है, लेकिन समय के अभाव के कारण अपने इस क्षेत्र की उपेक्षा न करें। संपर्क में आने वाले प्रत्येक व्यक्ति को उसकी उपेक्षा के अनुकूल सहयोग दें। सलाह दें। आपकी सलाह किसी दूसरे के जीवन को प्रकाशित कर सकती है। भटके हुए व्यक्ति को राह दे सकती

है। इसी प्रकार से नई-नई संस्थाओं से जुड़ें। उनके उद्देश्यों की पूर्ति में अपना आर्थिक और सकारात्मक सहयोग दें।

समय का सदुपयोग करें

अपने समय का सदुपयोग करने के लिए आवश्यक है कि आप किसी भी रचनात्मक कार्य से जुड़ें। घर में सिलाई-कढ़ाई आदि अनेक काम हो सकते हैं। यदि आपकी रुचि किसी समाज-सेवा के कार्य में है, तो किसी सामाजिक संस्था से जुड़ें। महल्ले-पड़ोस की लड़कियों को कुछ काम करना सिखाएं। झुग्गी-झोंपड़ी अथवा गंदी बस्ती की महिलाओं को प्रगतिशील सोच से परिचित कराएं। उन्हें सफाई आदि का ज्ञान कराएं। बार-बार में गर्भपात से सावधान कराएं। अधिक बच्चों से होने वाली परेशानियों तथा नई-नई बीमारियों के बारे में बताएं। उन्हें पढ़ाई-लिखाई और साक्षरता से जोड़ें।

यदि आपकी रुचि इन सामाजिक कामों में नहीं है, तो घर में ही पेड़-पौधे उगाएं। इन पौधों की देखभाल करें। आंगनबाड़ी में कुछ समय लगाएं। पौधों को पानी दें। इस प्रकार के कार्यों से जहां आपको मानसिक संतुष्टि मिलेगी, वहीं आप अपने घर-आंगन को भी एक नया कलात्मक रूप दे सकेंगी।

आपको यह बता दूं कि आपकी एक छोटी-सी मधुर मुस्कान ही दूसरों का दिल जीतने के लिए काफी है। आपके पति की थकान मिटाने के लिए काफी है। अतः अपने पारिवारिक सामाजिक जीवन में मधुर, दिलकश मुस्कान के साथ ही दूसरों का स्वागत करें। उन्हें विदा करें, मिल बैठें। इस प्रकार का आकर्षक व्यक्तित्व सजा-संवार कर जहां आप दूसरों के दिल में स्थान पा सकेंगी, वहीं आप उनकी आंखों में भी चमक ला सकेंगी, जिसकी चाह उन्हें हमेशा होती है। अतः आपको चाहिए कि

- आप चाहे जिस भाषा में बोलें, स्पष्ट और शुद्ध बोलें।
- संबोधनों में आत्मीय भाव लाएं।
- बड़ों को यथेष्ठ मान-सम्मान दें।
- हमेशा सज-संवर कर रहें।
- सादगी का फैशन हमेशा रहता है।

मगर ध्यान रखें

- अपने रंग-रूप पर इतराने की सोच न पालें, न ही इस पर गर्व करें।

- अंग्रेजी बोलने की कोशिश में गलत अंग्रेजी बोलकर जग-हंसाई की पात्र न बनें।
- 'बिजी विदाऊट वर्क' न रहें।
- फैशन के नाम पर कपड़े न फाड़ें। न ही आभूषणों को लादें।

जब आप घर से बाहर हों, तो फोन करके एक-दूसरे को अपनी आत्मीयता और जुड़ाव से अवश्य परिचित कराएं।

अध्याय 4

नयनों की डोर : पड़े न कमजोर

दूसरे की थाली और पराई औरत में स्वाभाविक आकर्षण होता है। इस आकर्षण को कम करने के लिए आपसी संबंधों में कटुता लाने की अपेक्षा अन्य सकारात्मक सोच अपनाएं। युक्ति संगत उपायों से पति की लगाम खींचकर रखें, नयनों की डोर कमजोर न पड़ने दें। सप्तपदी में भी इस डोर को मान्यता दी गई है।

दाम्पत्य संबंधों में दरार पड़ने के अनेक कारणों में एक कारण यह भी है कि मनुष्य में यह मनोवैज्ञानिक कमी पाई जाती है कि उसको अपनी बुद्धि और पराई स्त्री अच्छी लगती है। अपनी बुद्धि पर किए गए गर्व का भ्रम तो कई बार टूट भी जाता है और उसे अपने ही लिए हुए निर्णयों पर पश्चात्ताप भी होता है। गलतियों का अहसास होता है लेकिन पराई स्त्री की अच्छाई उसे हमेशा लुभाती है। अपनी सुंदर पत्नी के होते हुए भी पराई औरतों के आकर्षण का भ्रम मुश्किल से ही टूट पाता है। पराई स्त्री की ताक-झांक उसके स्वभाव का एक अंग बन जाती है। वह बिना किसी विशेष कारण के ही दूसरी औरतों से बात-चीत करने को लालायित रहता है। उनका ध्यान अपनी ओर आकर्षित करने के लिए सजता-संवरता है। उन्हें तरह-तरह के प्रलोभन देता है। वास्तव में 'लाइट में आना' उसकी एक मनोवैज्ञानिक चाह होती है, इसीलिए वह दूसरी औरतों को प्रभावित करने के लिए अन्य प्रकार के भी 'हथकंडे' अपनाता है। इस प्रकार का आचरण पुरुषों की अपनी विशेषता है। वे ऐसे किसी भी अवसर को हाथ से नहीं निकलने देना चाहते, जहां उन्हें महिलाओं से, लड़कियों से बात करने अथवा संपर्क में आने के अवसर मिलते हों। कामकाजी जीवन में महिलाओं अथवा लड़कियों के संपर्क में आने के अनेक अवसर मिलते हैं। स्कूल तथा कॉलेज में पढ़ रही लड़कियों को भी लड़कों के संपर्क में आने के पर्याप्त अवसर मिलते हैं। कामकाज और पढ़ाई के इन क्षणों में कुछ मनचले पुरुष, महिलाओं की इन कमजोरियों के लाभ उठा कर उन से 'चक्कर चलाते' हैं और महिलाओं की इन कमजोरियों का पूरा-पूरा लाभ उठा जाते हैं।

यह बात नहीं कि इस प्रकार के व्यवहारों में महिलाएं बड़ी दूध की धुली हों। वास्तव में कुछ महिलाएं भी इस प्रकार के व्यवहारों में पुरुषों से दो कदम आगे ही होती हैं। वे जहां आकर्षण का जाल फेंकने वाले पुरुषों में रुचि लेती हैं, वहीं उनकी निकटता चाहने लगती हैं। उनसे कुछ असहज होकर बातचीत करने लगती हैं, यहां तक कि वे कुछ सामाजिक रूप से वर्जित व्यवहारों का भी प्रदर्शन करने लगती हैं। पुरुषों के सामने अस्त-व्यस्त कपड़ों में बैठना, आंचल को न संभालना अथवा कुछ अन्य ऐसे ही आचरण जो शालीनता और शिष्टता की सीमाओं में नहीं आते करना, उसकी आदत में आ जाता है। ऐसी स्त्रियां ऐसे पुरुषों को 'रिझाने' के लिए चक्कर भी चलाती हैं। पुरुष प्रोत्साहन पाकर ऐसी स्त्रियों से मैत्री संबंध स्थापित कर लेते हैं और इस प्रकार के मैत्री संबंध ही अंततः अवैध संबंधों में बदलने लगते हैं। यही अवैध संबंध एक प्रकार का सामाजिक प्रदूषण फैलाता है

और दाम्पत्य संबंधों में दरार डालकर पति-पत्नी को तलाक की स्थिति तक पहुंचा देता है।

इस खेल में किसी भी स्त्री अथवा पुरुष को दोषी ठहराने की अपेक्षा इस सत्य को स्वीकारें कि पति की बेवफाई पत्नी बड़ी लाचारी से सहती है। सौत का दुःख एक पत्नी के जीवन की सबसे बड़ी त्रासदी है, लेकिन फिर भी वह यह सोचकर सब सह जाती है कि यह दो-चार दिन का आकर्षण है, अंत में पति उसका ही होगा, रहेगा। लेकिन समस्या यह है कि पति-पत्नी के बीच इस प्रकार से किसी तीसरे का प्रवेश क्यों हो जाता है? दाम्पत्य संबंधों को इतना विषाक्त क्यों कर जाता है?

एक सामाजिक सर्वेक्षण के अनुसार दूसरों के घर-संसार में आग लगाने वाली इस प्रकार की महिलाओं की संख्या दिनों-दिन बढ़ती जा रही है। विवाह योग्य आयु बीत जाने के बाद भी विवाह न होने की कुंठा, असंतुष्टि या रोमांच के लिए पर पुरुषों से मैत्री और अंतरंग संबंध बढ़ाने की चाहत रखने वाली लड़कियों और महिलाओं का यह वर्ग दाम्पत्य जीवन पर भारी पड़ने लगा है। ग्लैमर-भरी जिन्दगी जीने की चाहत ने इन लड़कियों-महिलाओं को दूसरों के पतियों पर डाका डालने के लिए विवश किया है। ये महिलाएं इतनी चतुर और अपने काम में इतनी पारंगत होती हैं कि दूसरों के पति को तो चुरा ही लेती हैं, इन पतियों की पत्नियों की रात की नींद और दिन का चैन भी छीन लेती हैं। चूंकि पत्नी की बेवफाई की भनक तो पति को मिल ही जाती है, साथ ही ये महिलाएं ऐसी स्थितियां पैदा कर देती हैं कि पति विवाहिता पत्नी पर चरित्रहीन होने का आरोप लगाकर उससे तलाक ले सके।

स्वाभाविक आकर्षण

मनोवैज्ञानिक दृष्टि से विपरीत सेक्स के प्रति आकर्षण एक स्वाभाविक व्यवहार है। इसमें अस्वाभाविक या असामान्य कुछ भी नहीं, लेकिन स्थिति तब 'असामान्य' हो जाती है, जब हम सामाजिक वर्जनाओं की उपेक्षा कर अपने सामाजिक और पारिवारिक दायित्वों को भूल जाते हैं और कुछ इस प्रकार का व्यवहार करने लगते हैं, जो हमारे सामाजिक और पारिवारिक जीवन में दरार डाल देता है। इस प्रकार का असामान्य व्यवहार हमें सामाजिक जीवन में अपमानित करता है, पत्नी और बच्चों पर गलत प्रभाव डालता है। उन्हें उपेक्षा के पात्र तो बना देता है और साथ ही समाज में अवैध संबंधों का कभी न खत्म होने वाला सिलसिला भी शुरू हो जाता है। इसलिए इस पूरे संदर्भ में पत्नी को चौकीदार की भूमिका निर्वाह करनी चाहिए। उसे चाहिए कि वह पति की लगाम कुछ इस प्रकार से खींच कर रखे कि

उसका मन कहीं अन्यत्र न भटके। सौंदर्य के प्रति उसकी अनुभूति, लगाव और आकर्षण की भूख परिवार में ही मिटे।

ढील न दें

पति के सुंदर, आशिक मिजाज अथवा कुछ अधिक ही रोमांटिक होने की स्थिति में अत्यंत सतर्कता बरतें। कुछ अतिरिक्त सावधानी भी बरतें। इसका यह अर्थ नहीं कि पति पर अविश्वास करें और उस पर हमेशा 'नजर' रखें। यहां तात्पर्य केवल इतना ही है कि पराई औरतों में ली गई दिलचस्पी के कारणों को अपने स्तर पर जानें। दूसरों को दोष देने की अपेक्षा स्वयं का मूल्यांकन करें और अपने आप में वह खूबियां पैदा करें। आप इस बात को भी खुले मन से स्वीकारें कि पति की इन कमजोरियों के लिए कुछ हद तक आप भी दोषी हैं। पति की अपेक्षाएं, इच्छाएं, रुचियां जानें और उन्हें पूरा करने के प्रयास करें। वास्तव में इस प्रकार की इच्छाएं दाम्पत्य जीवन की सरसता को बढ़ाती हैं, अतः इनमें आप पीछे न रहें। आशय यह है कि अपने पुरुष को पराई स्त्रियों की कमजोरी का लाभ उठाने का अवसर ही न दें। अपने पति को वह सब कुछ दें, जो वह दूसरी स्त्रियों से चाहता है।

सुनीता का घर आना-जाना कुछ अधिक हो गया। प्रसूत काल था। प्रभा ने इस ओर कोई विशेष ध्यान भी न दिया। पड़ोस का मामला था, इसलिए वह कभी दलिया बना कर दे जाती, तो कभी दूध गर्म करके दे जाती। सोमेश के लिए चाय-नाश्ता भी बना कर दे जाती। प्रभा की आंखें तब खुलीं, जब उसने सुनीता को सोमेश की बांहों में आपत्तिजनक अवस्था में देखा। उसे सोमेश से ऐसी आशा न थी, लेकिन सच्चाई उसके सामने थी। पत्नी की जरा-सी ढील का यह परिणाम हुआ कि दोनों परिवारों के संबंध तो बिगड़े, प्रभा ने मकान भी बदल दिया। पति-पत्नी में स्थापित विश्वास की दीवार में आई दरार आज भी दाम्पत्य जीवन में बरकरार है, जो दोनों के मन में पुरानी चोट बन कर चाहे जब कसकने लगती है। प्रभा को आज भी शक है कि सोमेश कहीं आज भी सुनीता के पास तो नहीं जाता? आशय यह है कि आप घर में आने वाली हम-उम्र चंचल औरतों को उन्मुक्त रूप से प्रवेश न दें।

शिल्पा का किस्सा भी कुछ अलग नहीं है, उसे अपने आप से ही इतनी ग्लानि होती है कि वह इस हीनता को व्यक्त भी नहीं करती। एक दिन बोली, ''जब अपना दाम ही खोटा हो, तो परखने वाले का क्या दोष? आजकल विजय ऑफिस की किसी 'रत्ना' के चक्कर में फंसे हुए हैं। रात देर से घर आते हैं। मैं अगर कुछ कहती हूं, तो मुझे ही जली-कटी सुनाते हैं। कहते हैं कि तुम सनकी

हो, गंवार हो, दोस्ती को शक की नजरों से देखती हो, कुढ़ती रहती हो, तुम्हें 'एटीकेट' भी नहीं कि किसी से कैसे बात की जाती है। अंदर-ही-अंदर टूट-सी गई हूं। सौत का दुःख मुझसे नहीं सहा जाता, इससे तो अच्छा है कि मैं मर ही जाऊं...आत्म हत्या कर लूं। जाने कितनी शिल्पाएं पति की उपेक्षा और दूसरी औरतों में दिलचस्पी से घुट-घुट के जी रही हैं।

पुरुष ही क्यों, इन दिनों महिलाएं भी ऐसे मामलों में किसी से पीछे नहीं हैं। पुरुषों से मैत्री संबंध स्थापित करना महिलाओं की अभिरुचि होती जा रही है। वे अपने इन संबंधों को प्रगतिशीलता का नाम देकर अपने आप पर, अपने रूप और योग्यता पर गर्व करती हैं, अतः ऐसी महिलाओं से संपर्क न रखने में ही आपके परिवार की भलाई है।

मनोवैज्ञानिक कारण

मनोवैज्ञानिकों के अनुसार पति अथवा पत्नी के इस प्रकार के भटकाव का कारण यौन इच्छाओं की अतृप्ति है। जब घर में पति को संतुष्टि नहीं हो पाती है, तो उसका अशांत व चंचल मन घर से बाहर दूसरी औरत में संतुष्टि तलाशना चाहता है। यदि उसके चंचल मन को, उसके अहम् को, उसकी भावनाओं को यह संतुष्टि बाहर से मिल जाती है, तो भौंरे जैसी यह प्रवृत्ति उसकी जरूरत को आदत का हिस्सा बना देती है। इसमें मजाक और खाना-पीना भी होता है। इस बातचीत, खान-पान और व्यवहारों में कुछ पुरुषों को इन महिलाओं का तौर तरीका इतना पसंद आ जाता है कि उनकी यह पसंदगी एक-दूसरे की नजरों में प्रशंसा बनकर तैरने लगती है और यह व्यवहार जल्दी ही मैत्री संबंधों में बदल जाता है। ये मैत्री संबंध ही धीरे-धीरे अंतरंगता पाकर आगे बढ़ते जाते हैं। ऐसे आशिक मिजाज पुरुषों की इस दोस्ती की परिणति होती है अवैध संबंध और अवैध संबंधों का मतलब है परिवार की बरबादी। इसलिए पति को सदैव अपने रूप के आकर्षण और नयनों की डोर में बांधें रखें।

बहुत दिनों तक पति को अकेला न छोड़ें। यदि पति का कार्य क्षेत्र दूर है, तो कुछ ऐसा प्रबंध करें कि आप उनके साथ रह सकें। सुनीता के पति राजेश का जब ग्वालियर तबादला हो गया, तो पहले 2-3 महीने तक तो राजेश सुनीता के पास आता-जाता रहा, लेकिन न जाने कैसे राजेश के संबंध एक सहकर्मी महिला प्रीति से हो गए। संबंधों की यह निकटता राजेश को उसके घर से दूर करती गई। और एक दिन वह वक्त भी आ गया कि राजेश ने सुनीता के पास आना-जाना ही बंद कर दिया। सुनीता ने जब ग्वालियर जाकर पता लगाया, तो बात काफी आगे बढ़ चुकी थी। पानी सिर

से ऊपर निकल चुका था। सुनीता की जरा-सी नासमझी ने उसके नयनों की डोर को तोड़ दिया था। जिससे उसका घर-संसार ही उजड़ चुका था।

यह किसी एक राजेश-सुनीता की बात नहीं, हमारे आस-पास ऐसे अनेक पति-पत्नी हैं, जो जरा-सी ढील पाकर आकाश की ऊंचाइयों को नापने लगते हैं और फिर कटी पतंग की तरह धूल चाटने लगते हैं।

यहां इसका यह अर्थ भी नहीं लगाना चाहिए कि अपने पति अथवा पत्नी को घर से बाहर जाने ही दें अथवा सब-के-सब पुरुष दिलफेंक होते हैं। वास्तव में हर व्यक्ति का अपना एक चरित्र होता है, एक छवि होती है और वह अपनी इस छवि को बना कर रखना चाहता है। उसे कहीं भी मलिन नहीं होने देना चाहता, इसलिए ऐसे व्यक्ति, जिनकी सोच कुछ इस प्रकार की होती है उनके प्रति सावधानी बरतनी ही चाहिए, ताकि आपके सामने ऐसी समस्याएं आएं ही नहीं।

हमारा संपूर्ण पारिवारिक जीवन परस्पर विश्वास से जुड़ा हुआ है। अतः इस विश्वास में कहीं भी कमी न आने दें। पति-पत्नी और बच्चों को पूरा-पूरा स्नेह, सुरक्षा और विश्वास दें।

स्नेह सूत्रों से बांधें

एक पत्नी के रूप में आप अपने पारिवारिक और सामाजिक दायित्व को भली प्रकार जानें। अपने मन में किसी प्रकार की हीनता न लाएं। ऐसी औरतों से लोहा लें, जो आपके घर-संसार में आग लगाना चाहती हैं। पति-पत्नी एक-दूसरे को पूरी तरह संतुष्ट रखें, उन्हें पलकों से बांध कर रखें, प्यार में सराबोर रखें। पति-पत्नी एक-दूसरे को अपना और सिर्फ अपना बनाने के लिए निम्न उपाय करें

- सज-संवर कर हमेशा आकर्षक और सुंदर बनी रहें। बन-ठन कर रहें।
- बच्चों अथवा परिवार के अन्य सदस्यों के सामने पति-पत्नी एक-दूसरे की हीनता पर आंसू न बहाएं, न भाग्यहीनता का रोना रोएं।
- पति के सामने हमेशा नई-नई समस्याएं न रखें।
- पति की आर्थिक सीमाएं जानें और अर्थाभाव का रोना न रोएं, न ही पति को जली-कटी सुनाएं।
- पति-पत्नी एक-दूसरे के सामने अन्य पुरुष या स्त्री की प्रशंसा न करें।
- दोनों ही एक-दूसरे को झूठा-फरेबी, धोखेबाज कहकर न कोसें। यदि कहीं कुछ असामान्य बात है, तो भी संभलने का पर्याप्त अवसर दें।

- आपस की छोटी-मोटी गलतियां, हरकतें, नजरअंदाज करें। उन्हें तूल न दें। ध्यान रखें कि ककड़ी के चोर को फांसी की सजा नहीं दी जाती।

- उलाहने, ताने, व्यंग्य न कसें, आपसी लड़ाई को चौबीस घंटे से अधिक न चलने दें।

- पत्नी अपने वस्त्रों, बनाव-शृंगार आदि के बारे में पति की रुचियां जानें और उसी के अनुरूप बनने व पहनने का प्रयत्न करें।

- खाना वही बनाएं, जो पति को पसंद हो। खाना बनाने के बाद उसे सजा कर परोसें।

- दोनों साथ बैठकर खाना खाएं।

- खास अवसरों जैसे बच्चों के जन्म-दिन, अपनी शादी की वर्षगांठ आदि पर घर में पार्टी का आयोजन करें। ऐसे अवसर पर पति के साथ मिलकर उनके दोस्तों को सपरिवार आमंत्रित करें। दूसरों के आमंत्रण पर दोनों एक साथ दूसरों के घर जाएं।

- एक-दूसरे की भावनाओं का सम्मान करें।

- अवसर के अनुकूल एक-दूसरे को उपहार अवश्य दें। कुछ उपहार नितांत निजी किस्म के हों, तो और ही अच्छा है।

- यदि आवश्यक हो तो आप पति की उस प्रेमिका 'जादूगरनी' से भी मिलें जिसका जादू आपके पति के सिर चढ़कर बोलता है। उसे चेतावनी दें और उसे बता दें कि पति-पत्नी के रास्ते में आने वाली औरत एक 'रखैल' के अलावा कुछ नहीं हो सकती और शायद वह 'रखैल' बनकर नहीं रहना चाहेगी।

- घर में आने वाली बाई, बच्चों को पढ़ाने आने वाली 'मिस' या फिर पड़ोस की किसी भी 'आंटी' को घर में इतनी छूट न दें कि वह बेडरूम तक पहुंच बना ले।

- पति की जरूरत बन कर रहें और उसकी इन जरूरतों को बड़ी तत्परता से समझें, उन्हें पूरा करें।

- पति-पत्नी किसी गलतफहमी का शिकार न हों, क्योंकि गलतफहमियां पति-पत्नी में अविश्वास का विष घोल देती हैं।

- पति छीनने वाली महिलाओं को सार्वजनिक रूप से अपमानित करने में पीछे न रहें।

इसलिए आपके पति अथवा दूसरी औरत को भी समझ लेना चाहिए कि गलत हमेशा गलत होता है और चोर कभी मान-प्रतिष्ठा नहीं प्राप्त कर सकता।

यह भी समझने वाली बात है कि जो व्यक्ति अपना घर नहीं बसा सकता उससे वफाई की क्या आशा की जा सकती है? जो अपने ही घर पति अथवा पत्नी से बेवफाई कर रहे हैं, वे दूसरों के हितैषी कैसे हो सकते हैं?

अवैध संबंधों के आधार पर मधुर संबंधों की कल्पना बिल्कुल उसी प्रकार से है, जैसे कोई कांटे बोकर फूलों की आशा करे। पति-पत्नी को समझाने की आवश्यकता नहीं कि आखिर इस प्रकार के संबंध किसी को क्या देते हैं?

इस विषय में अपनी स्थिति का मूल्यांकन स्वयं करें और समाधान भी खुद ही तलाशें। हां, आपकी नजरों की डोर में बंधा पति भला इधर-उधर ताक-झांक ही क्यों करेगा? विश्वास, स्नेह और आस्था भटके हुए को भी राह पर ला देते हैं। इसलिए सदैव अपने

- पत्नी होने का गर्व अनुभव करें।
- हमेशा सजी-संवरी और आकर्षक बनी रहें।
- पति की मनपसंद खुशबू का प्रयोग रात में करें।
- कुछ बातों को केवल आंखों से व्यक्त करें।
- पति की मन पसंद गीतों के बोल अवश्य गुनगुनाएं।

सदैव ध्यान रखें

- पति की तुलना किसी पर पुरुष से न करें।
- अपनी हीनताओं का रोना न रोएं।
- निजी आवश्यकताओं की पूर्ति के लिए दूसरे पुरुषों से न कहें, न ही कोई ऐसी वस्तु बाजार से मंगवाएं।
- अंतरंग क्षणों में 'आटे-दाल' की बातें न करें।

घुट-घुट कर जीने की अपेक्षा अपने अधिकारों
के लिए संघर्ष करें।

अध्याय 5

ऐसी भी क्या व्यस्तता…

व्यस्त पति की व्यस्त पत्नी… । सुबह से शाम तक की व्यस्तता… । एक-दूसरे को देखने का समय ही नहीं मिलता। काम की व्यस्तता और तनावों के कारण दाम्पत्य संबंधों में आई दरारें, अनचाहे बढ़ती दूरियां, दो दिलों के बीच उगती कंटीली झाड़ियां… । कहीं यह आपका भी तो सच नहीं ?

"काम! काम!! काम!!! अगर तुम्हें अपने काम से इतना ही लगाव था, तो फिर शादी क्यों की? और सब कामों के लिए तुम्हारे पास समय है, सिर्फ मेरे लिए ही तुम्हारे पास समय नहीं। तुम्हें इतनी भी फुर्सत नहीं कि मेरी ओर आंख उठा कर देख भी सको। सुबह से शाम और शाम से रात हो जाती है। मैं तुम्हारी सूरत देखने के लिए तरस जाती हूं। बच्चे तुमसे बातें करने और तुम्हारा प्यार पाने की उम्मीद लगाए रोज सो जाते हैं। न तुम्हें बच्चों से कोई लगाव है, न मेरी कोई परवाह, ये अजनबियों की तरह साथ रहना भी कोई जिंदगी है। आखिर मेरी भी तो कोई इच्छा है···लेकिन एक तुम हो कि···।"

यह किसी हिंदी फिल्म का कोई संवाद नहीं, बल्कि पति की व्यस्तता पर पत्नी के आक्रोश और उलाहने भरी खीझ है, जो हमें अकसर अनेक मध्यवर्गीय परिवारों में सुनने को मिल सकती है। जहां पति की व्यस्तता का रोना पत्नी रोती है और बदले में उसे सहानुभूति के स्थान पर तीखी प्रताड़ना सुनने को मिलती है

"कान खोल कर सुन लो कान्ता! यह रोज-रोज की हाय-हाय, चिक-चिक मुझे बिल्कुल पसंद नहीं। अगर मैं रात-दिन काम करके कुछ कमा कर लाता हूं, तो किसके लिए? तुम्हीं लोगों के लिए ···यह मत भूलो कि आज सोसायटी में हमारी जो इज्जत है, इसी रुपए की वजह से है और यह रुपया मेहनत से मिलता है। ये सारी सुख-सुविधाएं···यह स्टैन्डर्ड ऑफ लिविंग···होटल, क्लब, पार्टियां, इसीलिए तुम्हें सुलभ हैं क्योंकि में रात-दिन एक करता हूं। सुबह-सुबह मेरा मूड ऑफ मत किया करो वरना···।"

आधुनिक प्रगतिशील जीवन-यापन की चाह लिए पति-पत्नी आजकल इतने व्यस्त रहते हैं कि उन्हें एक-दूसरे के पास बैठने तक का समय ही नहीं मिलता। यदि पत्नी कामकाजी नहीं है, तो उसे अपने पति की इस प्रकार की व्यस्तता फूटी आंख पसंद नहीं आती। समय-समय पर वह न केवल पति की इस व्यस्तता का रोना रोती है, बल्कि पति के गौर न करने पर अपने भाग्य को कोसती है। जबकि सच्चाई यह है कि पति-पत्नी की इस प्रकार की अत्यधिक व्यस्तता कैरियर के प्रति बढ़ता नशा और आर्थिक संपन्नता की चाह दाम्पत्य संबंधों में दूरियां बढ़ाती है, पति-पत्नी में परस्पर कटुता, वैमनस्य, क्रोध, कुंठा और खीझ पैदा करती है। दाम्पत्य संबंधों में दारार वाला यह व्यवहार आज के परिवारों की सबसे बड़ी समस्या बनता जा रहा है।

यदि आप किसी ऐसे व्यवसायी, व्यापारी, पत्रकार, संपादक, सामाजिक कार्यकर्ता अथवा अधिकारी की पत्नी हैं, तो निश्चय ही समाज में आपका विशिष्ट स्थान है,

स्वाभाविक है कि इस स्थान को पाने अथवा इस स्थान पर पहुंचने के लिए पति को कुछ अतिरिक्त मेहनत करनी ही पड़ेगी, अतिरिक्त समय भी देना पड़ेगा, कुछ अतिरिक्त त्याग भी करने पड़ेंगे, इसलिए पति के ऐसे किसी भी काम की व्यस्तता को दोष न मानते हुए गुण ही मानें। उनकी व्यस्तता को कोसने के स्थान पर उन्हें सहयोग दें। यदि पति का कारोबार नया है, बड़ा है या वे किसी विभाग के स्वतंत्र प्रभारी हैं, जिम्मेदार अधिकारी हैं, निरीक्षणकर्ता हैं अथवा प्रबंधक हैं। तो यह स्वाभाकि ही है कि उन्हें अतिरिक्त समय देना ही पड़ता है। वैसे भी लोग अपनी 'पोजीशन' और अपनी अच्छी छवि बनाने के लिए मेहनत करते हैं। मेहनत के इस कार्य में उन्हें न जाने कितने पापड़ बेलने पड़ते हैं। इस पर यदि आप पत्नी के रूप में उनकी व्यस्तता पर प्रश्न चिह्न लगाती हैं, तो निश्चय ही उनका मूड खराब होगा और आपके आक्रोश से वे झुंझला सकते हैं। अतः इस प्रकार की व्यस्तता में पति का विश्वास जीतें। पति की व्यस्तता को सकारात्मक भाव से लें। व्यस्तता के लिए उन पर ताने न कसें। पति की भूमिका को समझें, उन्हें प्रेरित करें। यदि आप पढ़ी- लिखी हैं, तो पति के काम में सहयोग दें। पत्रों का उत्तर, लेखा कार्य, बैंकिंग कार्य आप स्वयं करें। इससे आपको पति का साहचर्य भी मिलेगा और आत्मीयता भी।

यदि आप स्वयं कामकाजी हैं, तो पति के कार्य में उनकी कार्य योजना, विचारों, निर्णयों में उसकी सहायता कर सकती हैं। घर के कामों को कुछ इस तरह से नियोजित करें कि दोनों की ही कार्य क्षमता पर कोई प्रतिकूल प्रभाव न पड़े। घर में आए मेहमानों का स्वागत, विवाह-बरात आदि में जाना, सामाजिक संबंधों का निर्वाह करना, बच्चों की पढ़ाई-लिखाई, गृहकार्य, हिसाब-किताब, बिजली-पानी, टेलीफोन आदि के बिलों का भुगतान आदि ऐसे कार्य हैं, जिन्हें आप स्वयं कर सकती हैं, बच्चों से करा सकती हैं। इन सबसे जहां पति की व्यस्तता कम होगी, वहीं आप इस बचे हुए समय का सदुपयोग भी कर सकेंगी।

आशय यह है कि दाम्पत्य संबंधों में कहीं भी रिक्तता अथवा शून्यता न आने दें। इसके लिए पूरा-पूरा समय निकालें। पति-पत्नी बच्चों की समस्याओं पर परस्पर विचार-विमर्श करें। उनके भविष्य के बारे में सोचें। उनकी समस्याओं पर सकारात्मक निर्णय लें। केवल अपनी सामाजिक प्रतिष्ठा अथवा अपने बारे में ही न सोचें। पारिवारिक समस्याओं के समाधान में दिया गया समय आपकी सामाजिक प्रतिष्ठा को बढ़ाएगा और आप जीवन के मूल उद्देश्यों को पा सकेंगे।

केवल पैसा कमाना ही आपका उद्देश्य नहीं होना चाहिए। वास्तव में पैसा कमाने से भी अधिक महत्त्वपूर्ण है उस पैसे का उपयोग...यदि आप रात-दिन मेहनत करके

पैसा कमाते हैं और उसका सही उपयोग नहीं होता, तो ऐसे पैसे की क्या उपयोगिता है?

पति को अनुचित कमाई के लिए प्रत्यक्ष अथवा अप्रत्यक्ष रूप से प्रेरित, प्रोत्साहित न करें। इस प्रकार की प्रेरणा उन्हें तनावग्रस्त बनाएगी और वे संस्थान आदि में कोई 'बड़ा हाथ मारने' या 'घोटाले' करने की सोच से ग्रसित हो सकते हैं, जो आपके परिवार के हित में कतई नहीं होगा।

पति की व्यस्तता पर उसे प्रताड़ित करना, अपमानित करना 'बिजी विदाऊट वर्क' कहकर उनका मजाक उड़ाना ठीक नहीं। ''तुमसे तो कुछ होता ही नहीं...। तुम्हें तो दुनियादारी की ए. बी. सी. भी नहीं आती। पता नहीं तुम्हें कब अक्ल आएगी...? घर में बहू आने वाली है, कल को जमाई घर में आएगा...। तुम्हें तो कुछ होश ही नहीं...। पता नहीं दफ्तर में कैसे अफसरी करते हो...?'' जैसी बातें पति में हीनता लाती हैं। वह इस प्रकार की जली-कटी सुनने की अपेक्षा बाहर रहना ही अधिक पसंद करता है। ऐसे लोगों का घर के प्रति आकर्षण विशेष नहीं रहता और वे अपना अधिकांश समय बाहर ही बिताना उचित समझते हैं। ऐसे पति की व्यस्तता के नाम पर दफ्तर में रम्मी खेल कर अपना समय बिताते हैं या फिर दोस्तों के साथ गप्पें मारकर अपनी व्यस्तता प्रदर्शित करते हैं। आशय यह है कि पति की व्यस्तताओं को समझें, उनमें अपना सहयोग दें। उन्हें कम करने की सोच पालें।

पति को उनकी पारिवारिक जिम्मेदारियों का अहसास कराते समय उनकी योग्यता, परख, अनुभवों में विश्वास व्यक्त करें, उन्हें यह अहसास न होने दें कि उनके निर्णय, मत या चयन का कोई मूल्य नहीं। पति की इस व्यस्तता को स्नेहिल व्यवहार से जीतें। उनकी व्यस्तता के प्रति विद्रोह करना, प्रतिशोधी भावनाएं मन में लाना अथवा उन्हें कोसना, अपनी हीनताओं का रोना रोना अथवा पति से अपेक्षाओं का रोना रोना ठीक नहीं।

''मैं भी तो नौकरी करती हूं, घर भी संभालती हूं, बच्चों को भी देखती हूं। तुम क्या करते हो...बस अखबार चाटने के सिवाय कोई और काम भी है तुम्हें...!'' जैसी बातें पारिवारिक स्नेह स्रोतों को सोखती हैं। पति-पत्नी में मन-मुटाव बढ़ाती हैं।

परस्पर में विश्वास, समझ, समर्पण, सम्मान ऐसे रंग हैं, जो पति की व्यस्तता को अपने रंग दे सकते हैं। पति की व्यस्तता को आकर्षक बना सकते हैं, इसलिए पति की व्यस्तता के संग अपने रंग दें। उन्हें विश्वास में लेकर उनका विश्वास प्राप्त

34

करें । विश्वास की प्रेरणा पाकर जहां आप पति का स्नेह, सहयोग और आत्मीयता पा सकेंगी, वहीं पति की व्यस्तता कम होगी । आखिर पति की व्यस्तता भी तो आपके लिए ही है । बच्चों के वर्तमान और भविष्य के लिए है, इसे कोस कर आप किस मानसिकता का परिचय दे रही हैं? इसलिए इस व्यस्तता को आक्रोश से नहीं विश्वास से कम करें और व्यर्थ के तनाव न बढ़ाएं । इस विषय में निम्नांकित मनोवैज्ञानिक सोच विकसित करें

- रविवार या किसी दूसरी छुट्टी को पूरे परिवार के साथ मिल-बैठकर मनाएं ।
- रात का खाना पूरे परिवार के साथ डाइनिंग टेबल पर बैठकर खाएं ।
- बच्चों की समस्याएं मिल-बैठकर निपटाएं ।
- घर की सफाई में बराबरी का सहयोग करें ।
- मित्र-मंडली को घर पर बुलाने में एक-दूसरे की सहमति अवश्य लें ।
- पारिवारिक समस्याओं के समाधान के लिए प्राथमिकताएं निर्धारित अवश्य करें ।
- अपने काम स्वयं करने की आदत डालें और एक-दूसरे का सहयोग करें ।
- पति की सार्थक व्यस्तता को दोष नहीं गुण मानें और उसे नकारने की बजाय सहानुभूति पूर्ण व्यवहार करें ।

किंतु ध्यान रखें

- दोस्तों की भीड़ घर में लाने से परिवार का अनुशासन बिगड़ता है । इस विषय में अपनी सोच को व्यावहारिक बनाएं ।
- अनावश्यक विवाद न बढ़ाएं ।
- अपने आपको एक-दूसरे का बॉस न समझें ।

दाम्पत्य संबंधों की खुशबू पड़ोसी भी अनुभव करते हैं ।

अध्याय 6

घर आए पुरुष मित्र

सामाजिक जीवन में ऐसे अनेक अवसर आते हैं, जब आपको अपने परिचय क्षेत्र के पुरुषों के संपर्क में आना पड़ता है। कभी-कभी मुंह बोले रिश्तों के नाम पर स्त्री-पुरुषों को मेहमान के रूप में घर में रखना पड़ता है। ऐसे घर आए पुरुष अथवा महिला मित्र कहीं आपके दाम्पत्य जीवन में कटुता लाने के माध्यम तो नहीं बन रहे··· । कहीं एक-दूसरे के मित्रों के प्रति आप में अनावश्यक आकर्षण तो नहीं बढ़ रहा? या फिर कहीं आप एक-दूसरे पर अपने मित्रों के साथ उपेक्षा का बर्ताव करने के आरोप लगाकर घर में तनाव तो नहीं बढ़ा रहे? आखिर आपसी विश्वास को मजबूत करने के लिए एक-दूसरे के मित्रों के प्रति आप किस प्रकार का व्यवहार करें?

सामने की सीट पर बैठे मेरे वरिष्ठ सहयोगी का चेहरा मुझसे छिप न सका। आखिर मैंने पूछ ही लिया "क्या हुआ कुछ दिनों से आप बड़े उदास लग रहे हैं?"

मन के भावों को छिपाने की कोशिश करते हुए उन्होंने "कुछ नहीं...पर...कुछ भी तो नहीं।" कह कर टालने की कोशिश की।

भई कुछ तो है, आखिर मैं तुम्हारा दोस्त हूं, मुझ पर विश्वास करो। मैं अगर तुम्हारे कुछ काम आ सका, तो मुझे बहुत प्रसन्नता होगी।"

एक बार मेरी ओर विश्वास भरी नजर डालकर मेरे मित्र ने उदासी भरा मौन तोड़

"क्या बताऊं शर्मा जी...आप तो जानते ही हैं कि सुलभा कुछ ज्यादा ही बातूनी है। सुंदर तो है ही, मिलनसार भी अधिक ही है। घरों में चाहे जिससे बातें करने लग जाती है, उसका चाहे जिस महल्ले या पड़ोसी से इस तरह से असहज होकर बातें करना, हर किसी में रुचि लेना, घुलना-मिलना, मजाक करना, हंस-हंसकर बातें करना, उछलना-कूदना मुझे फूटी आंख नहीं सुहाता। वह दुनियादारी तो कुछ समझती नहीं, उसकी इस आदत से घर में हमेशा चिक-चिक होती रहती है, और वह है कि अपनी इन हरकतों से बाज नहीं आती। लोग भी उसके इस हंसी-मजाक का गलत अर्थ लगाने लगे हैं। उसे कितनी बार समझाकर देख लिया, लेकिन समझती ही नहीं। एक अजीब-सा तनाव हम दोनों में बना रहता है। समझ में नहीं आता कि क्या करूं?"

बुरी तरह परेशान और हताश होकर प्रकाश आगे बोला, "जब मेरे सामने ही वह किसी भी पुरुष का हाथ पकड़ लेती है, तो मेरी अनुपस्थिति में तो...उफ! सोच-सोच कर मेरी हालत खराब हो जाती है...। मेरे सामने ही इतना दुःसाहस? मैं उसके मन को निश्छल मान भी लूं। मगर डर तो यह है कि आजकल तो लोग अंगुली पकड़ कर सीधे पहुंचा पकड़ते हैं...।"

घर आने वाले पुरुष मेहमानों से घर की औरतों का इस प्रकार से मेल-जोल बढ़ाना दाम्पत्य जीवन की एक गंभीर समस्या है। पत्नी के इस व्यवहार को समस्या मानने वाले पति की मानसिक स्थिति का अनुमान इसी से लगाया जा सकता है कि प्रकाश को घर और दफ्तर में कुछ भी अच्छा नहीं लगता। अविश्वास से ग्रसित उसकी यह सोच उसे हमेशा परेशान करती रहती है।

घर में आने वाले पुरुष मेहमानों, मित्रों अथवा पड़ोसियों से स्त्रियों का असहज

होकर मिलना, अति उत्साह प्रदर्शित कर उनमें रुचि लेना, उनका जरूरत से ज्यादा स्वागत करना, उनके प्रति आकर्षित होना, हंसी मजाक करना एक ऐसी समस्या है, जो पारिवारिक तनावों की जड़ है। वास्तव में इस प्रकार की सोच जहां पति-पत्नी में परस्पर विश्वास घटाती है, वहीं उनमें सन्देह के बीज अंकुरित करती है। उनके दाम्पत्य जीवन की दूरियां बढ़ाती है। इस प्रकार के व्यवहार स्नेह स्रोतों को सुखाते हैं। पति-पत्नी के मन में आशंकाएं पैदा होती हैं। पत्नी का असामान्य व्यवहार जहां पति को अंदर ही अंदर तोड़ देता है, वहीं स्वयं पत्नी को भी चैन की सांस नहीं लेने देता।

लोग ऐसी औरतों पर अंगुली उठाते हैं, घर वाले ताने देते हैं, समाज में बात का बतंगड़ बनता है और पति अविश्वास करने लगता है। इस प्रकार की ऐसी महिलाओं का जीवन नरक बन जाता है।

यह भी एक मनोवैज्ञानिक सत्य है कि ऐसे मैत्री संबंधों को बढ़ाने-पालने अथवा बनाने में अधिकांश महिलाओं की सोच खराब नहीं होती, यहां तक कि वे कभी सपनों में भी नहीं सोचतीं कि इन संबंधों के कारण उन्हें कहीं हीनता अथवा मलिनता का सामना करना पड़ेगा, लेकिन पुरुषों की सोच इनसे भिन्न होती है। यही कारण है कि ये संबंध समाज के गले नहीं उतरते और इन संबंधों की परिणति दुर्भाग्यपूर्ण होती है।

साफ मन से और अनजाने में ही सही, पत्नी यदि इस प्रकार का व्यवहार कर रही है, तो परिवार के बड़े सदस्यों जैसे सास-ससुर अथवा स्वयं पति को इन संबंधों की वास्तविकताओं से उसे परिचित कराना चाहिए। उन्हें इस संबंध में बहुत स्पष्ट कर दें कि समाज में ऐसे संबंध ही अवैध संबंधों का आधार बनते हैं और इन संबंधों के कारण किसी भी स्त्री अथवा पुरुष की प्रतिष्ठा धूल में मिल सकती है।

स्त्रियों को भी चाहिए कि यह व्यवहार भले ही उन्हें सामान्य दिखाई दे, लेकिन फिर अवसर, प्रोत्साहन, कमजोरी और हीनता पाकर ये संबंध ही अवैध संबंधों में बदलने लगते हैं, जो दाम्पत्य जीवन में दरार और फिर तलाक का कारण बनते हैं। कुछ पुरुष अथवा महिलाएं तो इन संबंधों के कारण ही 'ब्लैकमेल' का शिकार होती हैं। फिल्म 'गुमराह' और 'ये रास्ते हैं प्यार के' कुछ ऐसे ही संबंधों की कहानी पर आधारित फिल्में हैं, जो नई प्रगतिशील सोच वाली महिलाओं की आंखें खोलने के लिए पर्याप्त हैं।

स्त्रियों की स्थिति समाज में, यहां तक कि घर में भी बड़ी कमजोर होती है। वे स्वभाव

से संकोची, सरल, शीघ्र विश्वास कर लेने वाली, उदार किंतु भीरु होती हैं। इन्हीं मनोवैज्ञानिक कमजोरियों के कारण वे ऐसे अवसरवादी लोगों के द्वारा कई बार ठगी जाती हैं, छली जाती हैं। ऐसे अवसरवादी पुरुष मैत्री संबंध बढ़ाने के नाम पर, नौकरी दिलाने के नाम पर अथवा आर्थिक प्रलोभनों के नाम पर भोली औरतों से विश्वासघात करते हैं। वास्तव में वे ऐसे पुरुषों के साथ जब हंसी-मजाक करती हैं या बातचीत में विशेष रुचि लेती हैं, तो यह व्यवहार एक कमजोरी बनकर सामने आता है। वे संपर्क में आने वाले पुरुषों के इस हंसी-मजाक का अर्थ तो समझती नहीं, खुद अपने ही बनाए हुए जाल में फंसती चली जाती हैं और अंत में उन्हें मिलता है छलावा, आत्मग्लानि और बदनामी।

ऐसे ही सुनीता का उदाहरण मेरे सामने है। घर में आने वाले पुरुषों से उसका इस प्रकार से रुचि लेना, ताश अथवा रम्मी खेलना, पप्लू खेलना, हंस-हंस कर बातें करना, द्विअर्थी बातचीत में रुचि लेना उसके पति राकेश की आंखों से छिप न सका। पति-पत्नी में दूरियां बढ़तीं, इससे पहले राकेश ने सुनीता को इसके संभावित खतरों के बारे में चेतावनी दी। दूसरे दिन ही पड़ोस के मिश्रा जी ने सुनीता का हाथ पकड़ने की जब चेष्टा की, तो सुनीता को लगा जैसे राकेश का कहा हुआ सत्य उसके सामने आ गया। सुनीता को अपनी गलती का अहसास हुआ, उसने मिश्रा जी की अक्ल ठिकाने लगाई।

दूसरी ओर समाज में ऐसी महिलाओं की भी कमी नहीं जो पति मित्रों के सुदर्शन व्यक्तित्व से आकर्षित होकर उनसे अंतरंग संबंध बनाना चाहती हैं, चूंकि ये अपने पतियों की कमजोरियों को समझती हैं, इसलिए वे इन कमजोरियों से लाभ उठाकर, इन कमजोरियों की आड़ में पति के मित्रों से संबंध बढ़ाती हैं और इस प्रकार से एक म्यान में दो तलवारें न रखने के सत्य को झुठलाती हैं।

ऐसी किसी भी स्थिति के निर्मित हो जाने पर पति को चाहिए कि वह पत्नी के आचरण, चरित्र अथवा सोच पर अविश्वास न कर, उसे विश्वास में लेकर सुधरने का पर्याप्त अवसर दे और अपने घर-संसार को उजड़ने से बचाएं, क्योंकि ऐसी परिस्थिति के निर्मित होने में अकेली पत्नी कहीं भी दोषी नहीं होती। शायद आप उन दिनों को भूल गए हैं, जब आपने अपनी अकेली पत्नी को अपने मित्र के घर चार-पांच दिन रहने के लिए अकेला छोड़ा था। उन पांच दिनों में पत्नी ने किन-किन बातों का सामना किया, इस सत्य को जानने का आज तक आपने कोई प्रयास नहीं किया।

इस विषय में अच्छा यह हो कि आप अपनी पत्नी अथवा परिवार के अन्य सदस्यों को भी इस प्रकार के व्यवहारों से सचेत करते रहें। मित्र या संबंधी कितने ही

विश्वास पात्र क्यों न हों, किशोरी और युवतियों को उनके यहां अकेला न छोड़ें और न ऐसे लोगों को घर के अंदर प्रवेश ही दें, जो विश्वास के योग्य न हों।

किसी भी पुरुष मित्र से एकांत में बातें करना, उससे अंतरंगता भरी बातें करना, उससे उपहार स्वीकारना, साथ-साथ फिल्में देखना, होटलों में जाना, लिफ्ट देना अथवा लेना आदि ऐसे व्यवहार हैं, जो 'सामान्य' नहीं होते हैं। आप स्वयं ही इन व्यवहारों के संभावित खतरों के अनुमान लगा सकती हैं।

आजकल लोगों की मानसिक सोच इतनी संकीर्ण हो गई है कि इस प्रकार के व्यवहारों को करना अथवा स्वीकारना, दोनों ही एक ही अर्थ में लिए जाते हैं और लोग तुरंत अपने इन 'उपकारों' का 'भुगतान' चाहते हैं। जबकि दाम्पत्य जीवन में इस प्रकार के व्यवहार पति-पत्नी के संबंधों को तोड़ने वाले व्यवहार हैं।

कभी-कभी स्त्रियों अथवा पुरुषों की कुछ गलतफहमियां भी इन संबंधों को बढ़ाती हैं। मिसेज सेठी की चंचलता और हंसी का पड़ोस के उमेश ने न जाने क्या अर्थ लगाया कि होली के दिन अवसर पाकर वह मुस्कराकर बोला, ''भाभी जी, आज आपको हम नहीं छोड़ेंगे। अच्छा हो, आज हमें होली खेल लेने दो। मौका अच्छा है... ।''

मिसेज सेठी की हालत यह थी कि जैसे काटो तो खून नहीं। उमेश से उसे इस प्रकार के व्यवहार की आशा न थी। उसे तुरंत अपनी गलती का अहसास हुआ। वह उमेश को अपना देवर जैसा समझती थी। मन में स्नेह और ममता भरकर बोली, ''देवर जी...अच्छा हो आप जरा हमसे दूर ही हटकर बात करें। मैं तो तुम्हें अपने बेटे जैसा स्नेह देती आई हूं, अच्छा हो तुम यहां से फौरन चले जाओ, अगर एक कदम भी आगे बढ़ाया तो खैर नहीं... ।''

उमेश पर जैसे घड़ों पानी पड़ गया। इश्क का बुखार तो उतर गया, कई दिनों तक मिसेज सेठी के सामने आने का साहस भी न जुटा सका। मिसेज सेठी का साहस और विवेक उस दिन काम आया।

आशय यह है कि मामला चाहे पड़ोस का हो अथवा कामकाज के दौरान संपर्क में आने वाले पुरुष सहकर्मियों का, ऐसे पुरुषों से हमेशा सावधान रहें, जो सुखी घर-संसार में विष घोलना चाहते हैं। वास्तव में ऐसे पुरुषों के प्रति आपकी वैचारिक सावधानी और मर्यादित दूरी जहां आपको सुरक्षा और संरक्षण प्रदान करेगी, वहीं आप धोखेबाजी से भी बच सकेंगी।

ध्यान रखें कि घर में कभी भी किसी पुरुष के साथ एकांत में न बैठें। हमेशा खुले में, आंगन में, बागीचे में, लॉन में, कुर्सियां डाल कर बैठें। किसी प्रकार के अनुचित

व्यवहार, बातचीत अथवा स्पर्श को सहन न करें और तुरंत विरोध करें। आपका हलका-सा विरोध ही पुरुषों को हतोत्साहित करने के लिए काफी है, क्योंकि पुरुष प्रोत्साहन पाकर 'शेर' बनता है। किसी भी परिस्थिति में तथा किसी अप्रिय प्रसंग में आकर कोई अनुचित समझौता न करें।

अपनी किसी कमजोरी के लिए ब्लैकमेल होने से तो अच्छा है कि आप परिवार वालों अथवा पति को विश्वास में लेकर परिस्थितियों से संघर्ष करें और सम्मानजनक जीवन-यापन करें। छिछली मानसिक सोच के स्थान पर उच्च और आदर्श चरित्र का परिचय दें, ताकि आपकी पारिवारिक प्रतिष्ठा बढ़े और आप अपनों से, पति के मित्रों से यहां तक कि घर आए मेहमानों से भी यथेष्ठ मान-सम्मान प्राप्त कर सकें। अतः सदैव ध्यान रखें कि

- घर आए मेहमानों से एक मर्यादित दूरी बनाकर रखें।
- घर आए अपने तथा पति के पुरुष मित्रों को पति की उपस्थिति में ही घर में बैठाएं।
- अपना आंचल तथा वस्त्र संभाल कर बैठें।
- घर आए पुरुष मेहमानों से परिवार के बड़े सदस्य ही बातचीत करें।
- बुजुर्गों के चरण स्पर्श कर आशीर्वाद प्राप्त करें।

किंतु ध्यान रखें

- पुरुष मेहमानों से संबंध बनाने के लिए अति उत्साही न बनें।
- अपनी ओर से किसी प्रकार से भी अनौपचारिक होने की पहल न करें, न प्रोत्साहन दें।
- अवैध संबंधों के प्रस्ताव पर तेवर चढ़ाकर बात करें, ताकि ऐसे संबंधों की स्थापना के लिए कोई पहल ही न कर सके।
- केवल पुरुषों की उपस्थिति में ही पुरुष मेहमानों के साथ बैठें।
- यदि घर में अकेली हों, तो आने वाले ऐसे पुरुषों के लिए दरवाजा न खोलें, जिनके बारे में आप आश्वस्त न हों।

पत्नी जैसा अच्छा मित्र चिराग लेकर ढूंढ़ने पर भी नहीं मिलता।

अध्याय 7

दाम्पत्य संबंधों पर पैसे का प्रभाव

मध्यवर्गीय परिवारों में पत्नी 'गृह' और 'वित्त' दोनों ही महत्त्वपूर्ण विभागों की जिम्मेदारी संभाल लेती है। यदि पति-पत्नी की सोच एक जैसी होती है, तो इन विभागों में समन्वय बना रहता है, कहीं पर भी किसी को कोई परेशानी नहीं होती। इस मामले में जहां भी 'तेरा-मेरा' की स्थिति उत्पन्न होती है, वहां पैसे के कारण ही दाम्पत्य संबंधों में बिखराव आने लगता है।

अकसर पति अपर्याप्त कमाई का रोना रोते हुए यही कहते हैं कि कमाता तो बहुत कुछ हूं, पर कमाई न जाने कहां जाती है और फिर जहां कहीं भी दो-चार मित्र मिल बैठते हैं, तो पत्नियों की फिजूलखर्ची का रोना रोने लगते हैं। घरों में भी सुबह-सुबह 'घर खर्च' लेने-देने के मामले में पति-पत्नी में खींच-तान और नोक-झोंक होती ही रहती है। जहां पति-पत्नी दोनों कमाते हैं, वहां भी स्थिति थोड़े बहुत परिवर्तनों के साथ ऐसी ही बनी रहती है। बड़े परिवार में तो जैसे आर्थिक संकट हमेशा बने ही रहते हैं। सच तो यह है कि आर्थिक विवादों के कारण पति-पत्नी के मध्य दूरियां बढ़ती हैं, ऐसे में यदि पति-पत्नी समझदारी से काम नहीं लेते, तो शीघ्र ही संबंध बिगड़ने लगते हैं।

पता नहीं पड़ोस के शर्मा जी का मूड उस दिन खराब था या मैं ही गलत समय पर वहां पहुंचा था, शर्मा जी मेरी उपस्थिति की परवाह न करते हुए पत्नी पर बरस रहे थे 'बीवी हो, बीवी की तरह रहा करो, अफसर बनने की कोशिश मत किया करो। कमाती हो तो मुझ पर अहसान नहीं करती हो। अपनी कमाई को अपने पास ही तो रखती हो, तुम अपनी कमाई से अपने ही शौक पूरे कर लो यही बहुत है। मुझे मूर्ख मत समझो, मैं अच्छी तरह जानता हूं कि तुम अपनी कमाई का क्या करती हो। मुझे आंखें दिखाने की कोशिश मत करना।'

पत्नी सुजाता ने भी जैसे मेरा समर्थन चाहने के लिए उसी तेवर में बात की, 'देख लीजिए भाई साहब! इनके लिए चाहे कितना ही करो, कोई अहसान नहीं, इनकी बला से। जब देखो तेवर चढ़े ही रहते हैं। रोज सुबह-ही-सुबह यह महाभारत लेकर बैठ जाते हैं। कहते हैं कि मैं पूरी-की-पूरी सैलरी मायके भेज देती हूं या फिर अपने बैंक अकाउन्ट में जमा कर आती हूं, फिजूलखर्ची करती हूं, रुपये उड़ाती हूं। जब देखो, तब मुझे 'उजाड' कह कर अपमानित करते हैं। बात-बात में मुझे तंग करते रहते हैं। मैं तो तंग आ गई हूं इनकी रोज-रोज की चिक-चिक से। नफरत हो गई है मुझे रुपयों से और इनकी ऐसी जली-कटी बातों से।

यह किसी एक सुजाता, सरिता, शिल्पा, श्वेता की समस्या नहीं, बल्कि महानगरीय सामाजिक जीवन में जहां पैसे, फैशन और ग्लैमर-भरी जिन्दगी को सच समझा जाता है, वहां पति-पत्नी में अनेक प्रकार के आर्थिक विवादों का सामना एक दूसरे को करना पड़ता है। इन आर्थिक विवादों के कारण कई बार तो पत्नी को इतनी मानसिक हीनता सहनी पड़ती है कि वह इन मानसिक द्वंद्वों का सामना नहीं कर पाती और मन में हीनता पाले जीवन निर्वाह करने लगती है। ऐसी परिस्थिति में उनका उद्देश्य 'गुजर-बसर' करना भर होता है।

कामकाजी महिलाओं के सामने तो स्थिति कभी-कभी और भी विचित्र आ जाती है। इस प्रकार की महिलाएं यदि किसी के मन की बातों को पूरा नहीं पातीं, तो उन्हें पति की ही नहीं बल्कि घर में मां जी, ससुर, जेठ, जिठानी यहां तक कि कभी-कभी तो देवर की जली-कटी भी सुनने को मिलती है। भाभी का क्या है? अपना कमाती हैं, अपना खाती-उड़ाती हैं, भैया की क्या मजाल कि भाभी के सामने आंख उठाकर बात भी कर सकें, दुधारू गाय की दो लातें तो सहनी ही पड़ती हैं, भाभी चाहे जितना उड़ाएं खाएं उन्हें रोकने वाला कौन है?

अनुमान लगाइए कि ऐसे ताने सुनने-सुनाने के बाद परिवार में सुख की कल्पना कैसे की जा सकती है?

मानसिक सोच

एक सामाजिक अनुमान के अनुसार आज की युवा पीढ़ी यह तो चाहती है कि उसकी पत्नी प्रगतिशील सोच वाली, सुंदर, पढ़ी-लिखी कामकाजी लड़की हो, कमाती हो ताकि वह पति के साथ कंधे से कंधा मिलाकर परिवार की जिम्मेदारियों को निभाने में उसकी बराबर की सहयोगी बन सके, लेकिन जहां पत्नी की आर्थिक अपेक्षाओं की बात आती है, वहीं परिवार के लोग यहां तक कि पति भी पत्नी से पूरा-पूरा हिसाब लेते हैं। सब की नजर उसकी सैलरी पर तो रहती है, लेकिन उसकी आर्थिक अपेक्षाओं की कोई चिन्ता नहीं करता। यहां तक कि कई महिलाओं को तो जेब खर्च भी नहीं मिलता और यदि मिलता भी है, तो उसका भी हिसाब लिया जाता है।

कुछ लड़कियों अथवा महिलाओं का कुछ भी खर्च करना पति अथवा मां जी को इतना अधिक अखरता है कि वह उसके इस खर्च को उड़ाना-खाना कह कर कोसती हैं। कभी-कभी तो मामला इतना गंभीर हो जाता है कि पति अथवा मां जी सारी मर्यादाएं तोड़कर मन की भंडास निकालती हुई कह ही उठती हैं   'सारा पैसा तो मां के पास जमा कर आती है, अपने नाम का अलग लाकर ले रखा है महारानी ने ... इसका ब्यूटी पार्लर का ही इतना खर्चा है कि तनख्वाह में से कुछ बच ही नहीं पाता।'

आशय यह है कि परिवार अथवा पति-पत्नी में अर्थ को लेकर उपजे इस प्रकार के अविश्वास दाम्पत्य जीवन पर भारी पड़ते हैं। इसलिए आर्थिक अविश्वास की इन दीवारों को अपने स्तर पर कहीं भी खड़ी न होने दें। पति-पत्नी यह प्रयास करें कि आर्थिक मुद्दों को लेकर इस प्रकार के अविश्वास पैदा न हों, ताकि पति-पत्नी को अपमान की इन किरचों को सहना पड़े।

विश्वास के दायरे

अकसर महिलाएं पति से छुपाकर कुछ पैसा बचा लेती हैं, बचाकर अपने पास 'प्राइवेट मनी' के रूप में घर में रखती हैं। वे अपनी इस बचत का उपयोग घर-गृहस्थी की छोटी-बड़ी वस्तुएं खरीदने में करती रहती हैं, या फिर आड़े समय में अपनी इस बचत को पति को दे देती हैं। बचत की यह आदत लड़कियों को मां-बाप के घर से ही विरासत के रूप में मिलती है। लेकिन दाम्पत्य जीवन में पति से छुपाकर पैसे जोड़ने का यह व्यवहार कभी-कभी उनके मन में कुछ भ्रामक धारणाएं भी पैदा कर सकता है, इसलिए इस विषय में पति अथवा सास की मानसिकता का अध्ययन किए बिना कुछ 'जोड़ने' की सोच मन में न लाएं। इस विषय में मेरे ही एक अत्यंत निकट संबंधी ने अपने दर्द को इस प्रकार से प्रकट किया

'मैं पूरे मनोयोग से घर की सारी आवश्यकताओं, सबकी अपेक्षाओं को पूरा करता हूं, फिर भी मेरा ही पैसा मुझसे छुपाकर क्यों रखती है, मुझे उसकी इस प्रकार की बचत फूटी आंख भी नहीं सुहाती।'

जब पति-पत्नी में वैचारिक मतभेद हो अथवा सोच में भिन्नता हो, तब पत्नी का अच्छा व्यवहार भी बुरा लगता है। इस विषय में सच यह है कि यदि पत्नी घर के खर्चों में से कुछ कटौती कर कुछ रुपया बचा लेती है, तो इस प्रकार की बचत को वह उन मुद्दों पर खर्च करती है, जो उसकी पारिवारिक प्रतिष्ठा को बढ़ाने वाले होते हैं। सामाजिक जीवन के ऐसे अवसरों को पति उतनी गंभीरता से नहीं लेते, इसलिए ऐसे अवसरों पर पत्नी की बचाई हुई यह रकम ही परिवार की इज्जत बढ़ाती है, बचाती है। इसलिए पति को चाहिए कि वह पत्नी द्वारा छुपाकर की गई इस बचत को अन्यथा न लें, न ही इस विषय में मन में अविश्वास अथवा भ्रामक धारणाएं पनपने दें। इस सत्य को खुले दिल से स्वीकारें कि पत्नी द्वारा पति से 'हथियाया' गया घर-खर्च, जिसे पत्नी 'अंडरग्राउन्ड' कर दाल के डिब्बे या सिरहाने के नीचे बचाकर रखती है, अंत में परिवार के ही काम आता है। अप्रत्यक्ष रूप से पति के ही काम आता है। ठीक उसी प्रकार से जैसे खोदे गए कुएं की मिट्टी कुएं पर ही लग जाती है।

सुघड़ता का परिचय दें

पत्नी के 'गृह लक्ष्मी' अधिकार को चुनौती न दें और आर्थिक मामलों में उस पर पूरा विश्वास प्रकट करें। इस प्रकार से व्यक्त किया गया विश्वास परिवार की आर्थिक

अपेक्षाओं को पूरा करेगा। घर में आय चाहे कम हो अथवा अधिक, पत्नी की सुघड़ता इसमें है कि वह सीमित आय में ही परिवार को चलाए। यदि परिवार में पर्याप्त आय आती है अथवा पति-पत्नी दोनों ही कामकाजी हैं, परिवार छोटा है, तो अपनी बचत को संयुक्त नाम से खाता खोलकर 'दोनों में कोई भी' के नाम से बैंक से लेन-देन करे। 'आइदर आर सरवाइवल' के नाम से खोला गया बैंक खाता पति-पत्नी के विश्वास को बढ़ाता है। भविष्य में होने वाले विवादों को भी नहीं पनपने देता। पति-पत्नी के अहं की संतुष्टि भी होती है। पति अथवा पत्नी को एक-दूसरे के सामने हाथ पसारने की भी आवश्यकता नहीं रहती।

परिवार के बड़े खर्चों पर परस्पर मिल-बैठकर विचार-विमर्श करें और एक-दूसरे को विश्वास में लेकर ही अंतिम निर्णय करें। घर में आयोजित होने वाली पार्टियों, पर्यटन पर जाने का कार्यक्रम, मेहमानों को घर बुलाना, बहन-बेटी को दिए जाने वाले उपहार, पारिवारिक जिम्मेदारी के अन्य व्यवहार आदि ऐसे खर्चे हैं, जिन पर समय-समय पर मिल-बैठकर बातचीत करते रहें। विवाह-शादी पर जाना, कपड़ों आदि पर होने वाले खर्च आदि पर दोनों मिलकर बड़े उत्साह से किसी एक निष्कर्ष पर पहुंचें। इसी प्रकार से बीमारी का इलाज आदि कुछ ऐसे व्यय हैं, जिन्हें मिल कर करें।

पति-पत्नी नौकरी इसलिए करते हैं कि वे परिवार की आर्थिक अपेक्षाओं को पूरा कर सकें। पत्नी पति की कमाई को इतनी सुघड़ता से खर्च करती है कि वह समाज में घर की प्रतिष्ठा बना सके।

कुछ इस प्रकार की आर्थिक अपेक्षाएं जहां पति-पत्नी को जोड़ती हैं, वहीं पारिवारिक सुख-समृद्धि में भी सहायक बनती हैं। इसलिए पति अथवा पत्नी को अपनी कमाई पर इतराने की अपेक्षा उसके संतुलित और विवेक पूर्ण इस्तेमाल पर ही ध्यान रखना चाहिए। परिवार में होने वाले खर्चों पर ध्यान रखना चाहिए।

एक बात और ध्यान रखें कि धन अनेक बुराइयों की जड़ है। जहां यह पति-पत्नी में परस्पर स्नेह, लगाव और प्यार का कारण बनता है, वहीं इस धन के कारण पति-पत्नी एक-दूसरे के दुश्मन बन जाते हैं। एक-दूसरे की घृणा, तिरस्कार का कारण बन जाते हैं। इसलिए अपने धन का उपयोग उत्तम कार्यों के लिए करें। दाम्पत्य जीवन में धन के कारण विवाद न हो, इसके लिए आवश्यक है कि नौकरी, प्रभाव, सुंदरता, संपन्नता को उच्चता का पर्याय न समझें। परिवार की प्रगति और खुशहाली के लिए अपनी संपन्नता और प्रभाव का उपयोग करें। आर्थिक विवाद तो तनाव और बिखराव के सिवाय कुछ न देंगे।

दाम्पत्य जीवन में पैसा आड़े न आए, इसके लिए ध्यान रखें

- पति-पत्नी अपनी आर्थिक अपेक्षाएं जानें और इनके अनुरूप ही खर्च करें।
- आमदनी अठन्नी और खर्चा रुपया कर जग-हंसाई की पात्र न बनें।
- परिवार के सभी सदस्यों की आर्थिक आवश्यकताओं को मान्यता और प्रतिष्ठा दें।
- भविष्य के लिए बचत करें। इसकी जानकारी पति-पत्नी दोनों को हो।
- अपनी आर्थिक संपन्नता के प्रदर्शन के लिए फिजूलखर्ची न करें।
- घर आए मेहमानों पर अपना प्रभाव जमाने के लिए शराब न परोसें।

भूल कर भी न करें

- उधार लेकर अपनी आवश्यकताओं की पूर्ति न करें। यह मानसिक तनावों का बड़ा कारण है।
- पत्नी, बच्चों को तंग रख कर अपनी मौज-मस्ती पर खर्च बिलकुल न करें। यह पारिवारिक बिखराव का कारण बन सकता है।
- पत्नी पर फिजूलखर्च होने का आरोप न लगाएं। सामान्यतः पुरुष महिलाओं की अपेक्षा अधिक फिजूलखर्च होते हैं।
- कामकाजी पत्नी के कुछ खर्चों को 'इग्नोर' करें, उससे ऐसे खर्चों का हिसाब न मांगें।
- पत्नी की कमाई को खुले दिल से स्वीकारें, लेकिन उस पर आंखें न गड़ाएं।

अध्याय-8

दाम्पत्य संबंधों में मधुरता के 31 टिप्स

दाम्पत्य जीवन में स्थायी मधुरता लाने के लिए हर स्तर पर व्यावहारिक सोच अपनाएं। मधुर दाम्पत्य संबंधों के लिए दैनिक जीवन में पति-पत्नी को ध्यान में रखने के लिए यहां 31 टिप्स दिए गए हैं, जिन्हें अपना कर आप अपने पारिवारिक जीवन में सरसता के नए स्रोत पैदा कर सकती हैं।

1. परिवार के किसी भी सदस्य को अपना प्रतिद्वंद्वी न मानें। इन्हें सहयोग व सम्मान देकर ही आप उनसे सम्मान की अपेक्षा कर सकती हैं। उदाहरण के लिए पति को ही लें। आपका पति पहले किसी का पुत्र, भाई, चाचा, मामा है। आप परिवार के सदस्यों को उनके इस अधिकार से वंचित करने की सोच मन में न लाएं। इस विषय में आपकी दुराग्रही सोच ही घर में तूफान खड़ा कर सकती है, जबकि थोड़ा-सा विवेक ही आपको सबका बना सकता है। इस विषय में एक ही आदर्श अपनाएं 'सास की अधीनता स्वीकारें। जब आप सास बनें, तो इसी अधीनता को बहू को स्वाधीनता के रूप में उपहार दें। आपके दाम्पत्य-जीवन में कभी भी तनाव अथवा टकराव की स्थिति पैदा नहीं होगी।

2. अपनी हमउम्र ननद, जेठानी, बहन, भाभी को अपनी अंतरंग सहेली बनाएं, उसे अपना शुभचिंतक समझें। ऐसे रिश्तों को हमेशा शिष्टता, शालीनता और पवित्रता का आधार दें।

3. घर में आने वाले पुरुषों-महिलाओं को सदैव सम्मानजनक संबोधन दें। उन से बातें करते समय आंखें नीचे, आंचल संभालकर बात करें। समय व्यतीत करने के लिए दूसरे की निंदा करने और अपनी प्रशंसा करने के लिए अनावश्यक बहस न करें।

4. देवर, जीजा, ननदोई अथवा ऐसे ही अन्य मुंहबोले रिश्तेदारों की किसी भी प्रकार की अनुचित इच्छाएं, व्यवहारों को अपने स्तर पर कोई मान्यता अथवा प्रतिष्ठा न दें, न ही इन्हें सहन करें। इस प्रकार अनुचित संबंध पारिवारिक जीवन की गरिमा को कलुषित करते हैं।

5. अपनी आर्थिक आवश्यकताएं मांग कर पूरी न करें। आर्थिक अभावों का रोना रोकर आप न केवल अपनी हीनता प्रदर्शित करती हैं, बल्कि अपनी पारिवारिक प्रतिष्ठा भी दांव पर लगाती हैं। आर्थिक तंगी के कारण किसी भी प्रकार के अनुचित समझौते किसी भी स्तर पर न करें। वह चाहे बच्चों के शादी ब्याह के हों अथवा अन्य किसी पक्ष के। पत्नी को पर्याप्त जेब खर्च दें और इस जेब खर्च का कभी हिसाब न पूछें। वास्तव में यह एक प्रकार की 'आपात कालीन राशि' होती है, जो पत्नी की सुघड़ता को बढ़ाती है। दाम्पत्य-जीवन को संकट से बचाती-उबारती है।

6. विवाह पूर्व के संबंधों को विवाह बाद जारी रखने की मूर्खता न करें। ऐसे संबंधों की खिड़कियां पक्की कीलों से हमेशा के लिए बंद कर दें। यहां तक

कि अगर कभी जाने-अनजाने इन संबंधों का कोई पृष्ठ खुल भी जाए, तो बिना पढ़े ही उलट जाएं, भूल जाएं।

7. कामकाजी जीवन में संपर्क में आने वाले प्रत्येक पुरुष से एक मर्यादित दूरी बनाकर रखें। यह दूरी जहां आपको सामाजिक सुरक्षा और संरक्षण प्रदान करेगी, वहीं आपकी मान-प्रतिष्ठा भी सुरक्षित रहेगी और आप कहीं भी विवाद, चर्चा अथवा निंदा की पात्र नहीं बनेंगी। संस्थान में सबकी विश्वास- पात्र बनेंगी।

8. पड़ोसी महिलाओं, पुरुषों से शिष्टता और शालीनता के संबंध बनाए रखें। उन्हें यथेष्ट मान-सम्मान देकर उनसे आशीर्वाद प्राप्त करें। उनके ये आशीर्वाद जहां आपको मानसिक रूप से संतुष्ट करेंगे, वहीं ये फलीभूत भी होंगे। इनसे आपकी सामाजिक-प्रतिष्ठा बढ़ेगी।

9. वर्ष में एक-दो बार परिवार के सभी सदस्यों का विश्वास प्राप्त कर घर में सामाजिक अथवा पारिवारिक आयोजन अवश्य करें। वह चाहे बच्चे का 'बर्थ डे' हो अथवा अन्य कोई अवसर। इस प्रकार के आयोजन में उन शुभ-चिंतक मित्रों, रिश्तेदारों को अवश्य बुलाएं, जिनसे आपके पारिवारिक संबंध हैं अथवा जो आपके पारिवारिक संबंधों को समृद्ध बनाते हैं। ऐसे अवसरों पर परिवार के उन सभी सदस्यों को भी याद करें, जो आपसे दूर हैं लेकिन आपके दिल में पास रहते हैं। यदि आप को ऐसे लोगों के आमंत्रण प्राप्त होते हैं, तो आप भी उन्हें पत्र लिखकर इस प्रकार के आमंत्रण के लिए धन्यवाद दें। आशय यह है कि अपने सामाजिक क्षेत्र का दायरा कम न होने दें।

10. अपने कार्यों, व्यवहारों और मधुरवाणी से ससुराल और मायके में स्नेह सेतु बनें। किसी भी हालत में इन संबंधों को अपेक्षाओं के अंधेरे में न खोने दें।

11. पति-पत्नी हमेशा एक-दूसरे को मन की आंखों से पढ़ें।

12. मां ने बेटे को जन्म दिया है, पाला है, उसकी हर सुख-सुविधा का ध्यान रखकर आपके पति होने योग्य बनाया है, अतः बेटे पर मां का अधिकार और मां के प्रति बेटे का झुकाव बहुत स्वाभाविक है। आप भी अपने पति की मां को सास न मानकर मां की तरह ही सम्मान दें। बहू का दर्जा आपको स्वयं ही प्राप्त हो जाएगा।

13. छोटी-छोटी बातों पर नाराज न हों और नाराज होकर मायके जाने की भूल

तो बिल्कुल न करें। इस व्यवहार से आप पति और ससुराल वालों की नजर में गिर सकती हैं।

14. परिवार के सदस्यों के प्रति पति के दायित्वों को समझें और उन्हें महत्त्व दें। यदि आप पति की सहधर्मिणी का दायित्व निभाएंगी, तो स्वयं ही उनके प्रेम का केंद्र बन जाएंगी।

15. दाम्पत्य जीवन को नीरस और उबाऊ न बनाएं। दिनचर्या में मनोरंजन को भी पर्याप्त स्थान दें। आस-पास ही सही, पति के साथ घूमने अवश्य जाएं। इससे प्रेम और अंतरंगता में वृद्धि होगी।

16. अपने परिवार वालों की मदद के लिए पति पर अनावश्यक दबाव न डालें।

17. आपका प्रेम दिन भर तनावपूर्ण भागदौड़ करके लौटे पति के लिए संजीवनी है, इसमें कोताही न करें।

18. आप (पति) को चाहिए कि पत्नी को सदैव बराबर का सम्मान दें। उनकी सलाह को ध्यानपूर्वक सुनें और उचित सुझावों को अवश्य मानें।

19. पत्नी दिन भर घर की चारदीवारी में रहती है। उसकी स्थिति को समझें तथा ऊब से बचाने के लिए मनोरंजन के उचित अवसर जुटाएं।

20. छोटी-छोटी भेंट दाम्पत्य जीवन को प्रेम में सराबोर कर देती है। प्रेम के आदान-प्रदान में कंजूसी न करें।

21. बच्चों के भविष्य को प्राथमिकता के आधार पर महत्त्व दें।

22. पत्नी के संबंधियों के प्रति आपकी सहृदयता पत्नी के मन को जीत लेगी। अतः उनकी उपेक्षा न करें।

23. पत्नी पर व्यर्थ शक-संदेह न करें। उसे स्वतः निर्णय लेने का अवसर दें। विश्वास करें कि पत्नी आपकी प्रतिष्ठा को आंच नहीं आने देगी।

24. कार्य के तनावों को घर के दरवाजे के बाहर ही छोड़ दें। बाहर के तनाव घर में न ले जाएं।

25. पत्नी की मानसिक स्थिति और शारीरिक स्वास्थ्य का पूरा-पूरा ध्यान रखें। उसकी कमजोरी दाम्पत्य के प्रति अरुचि का कारण हो सकती है। अतः पत्नी की शारीरिक कमजोरी को दूर करें।

26. नशे और जुए की बुरी आदत या फिजूल खर्ची पारिवारिक तनाव का मुख्य कारण बन जाती है।

27. पूरी पड़ताल के बाद ही मित्र बनाएं और मित्रों को भी पूरी पड़ताल के बाद ही घर में प्रवेश दें।

28. पत्नी यदि कामकाजी महिला है, तो उसकी परेशानी को समझें और अपनी परेशानी की तरह ही उसे पूरी तरजीह दें।

29. नोक-झोंक परिवार में स्वाभाविक है, किंतु मन में इसकी जड़ें न जमने दें।

30. आप यदि चरित्रवान् पत्नी चाहते हैं, तो आपको भी चरित्रवान् पति बनना चाहिए।

31. आपसी प्रेम, विश्वास, सहयोग और सम्मान सुखद दाम्पत्य-जीवन के चार स्तंभ हैं।

अंत में इतना कहना ही पर्याप्त होगा कि पति-पत्नी एक-दूसरे के लिए होते हैं, इनमें किसी तीसरे का हस्तक्षेप हर हालत में दाम्पत्य संबंधों में चुभन पैदा करता है। अतः इन टिप्स को गुरुमंत्र के रूप में स्वीकारें और इनका पालन करके दाम्पत्य जीवन को सुख और आनंद से भर लें।

❑ ❑ ❑

अन्त में....

हम आशा करते हैं कि प्रस्तुत पुस्तक में पति-पत्नी के रिश्ते में खुशियाँ लाने संबंधी आपकी संपूर्ण जिज्ञासाओं का समाधान मिल गया होगा। पति-पत्नी का अटूट रिश्ता/जीवन भर का होता है। इस दौरान पति-पत्नी के रिश्तों में कभी न कभी कड़वाहट भी आ जाती है। ऐसी ही अन्य समस्याओं को दूर करने के लिए आप हमारे यहाँ से इस विषय पर प्रकाशित कोई दूसरी पुस्तक लेकर इसका निदान कर सकते हैं।

सामान्य स्वास्थ्य/सौंदर्य देखभाल

विविध पुस्तकें

बॉडी फिटनेस

परफेक्ट हेल्थ/आयुर्वेद

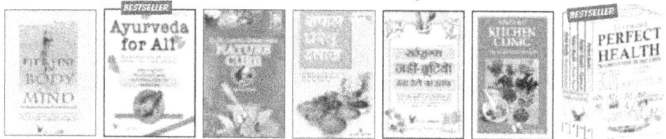

A Set of 4 Books

स्वास्थ्य सम्बन्धी/सामान्य बीमारियाँ

अन्य भाषाएं

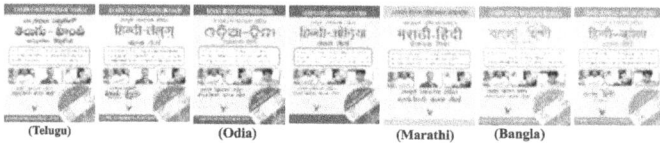

 (Telugu)  (Odia)  (Marathi)  (Bangla)

हमारी सभी पुस्तकें www.vspublishers.com पर उपलब्ध हैं